GW01003246

Nadia

El aroma del tiempo

Byung-Chul Han

El aroma del tiempo

Un ensayo filosófico sobre el arte de demorarse

Traducción de
Paula Kuffer

Herder

Título original: Duft der Zeit. Ein philosophischer Essay zur
Kunst des Verwailens
Traducción: Paula Kuffer
Diseño de la cubierta: Ana Yael Zareceansky

© *2009, transcript Verlag, Bielefeld*
© *2015, Herder Editorial, S.L., Barcelona*

ISBN: 978-84-254-3392-4

Imprenta: Reinbook
Depósito legal: B-10.668-2015

Impreso en España – Printed in Spain

Herder
www.herdereditorial.com

ÍNDICE

INTRODUCCIÓN

La crisis temporal de hoy no pasa por la aceleración. La época de la aceleración ya ha quedado atrás. Aquello que en la actualidad experimentamos como aceleración es solo *uno* de los síntomas de la dispersión temporal. La crisis de hoy remite a la disincronía, que conduce a diversas alteraciones temporales y a la parestesia. El tiempo carece de un ritmo ordenador. De ahí que pierda el compás. La disincronía hace que el tiempo, por así decirlo, dé tumbos. El sentimiento de que la vida se acelera, en realidad, viene de la percepción de que el tiempo da tumbos sin rumbo alguno.

La disincronía no es el resultado de una aceleración forzada. La responsable principal de la disincronía es la atomización del tiempo. Y también a esta se debe la sensación de que el tiempo pasa mucho más rápido que antes. La dispersión temporal no permite experimentar ningún tipo de duración. No hay nada que *rija* el tiempo. La vida ya no se enmarca en una estructura ordenada ni se guía por unas coordenadas que generen una duración. Uno también se identifica con la fugacidad y lo efímero. De este modo, uno mismo se convierte en algo radicalmente pasajero. La atomización de la vida supone una atomización de la identidad. Uno solo se tiene a sí mismo, al pequeño yo. En cierto sentido, se sufre una pérdida radical de espacio, de tiempo, del ser-con *(Mitsein)*. La pobreza del mundo es una aparición discrónica. Hace que la gente se encierre en su pequeño cuerpo, que intenta mantener *sano* por todos los medios, porque, de lo contrario, uno se queda sin nada. La salud de su frágil cuerpo sustituye al mundo y a Dios. Nada perdura más allá de la muerte. Hoy en día, morir resulta especialmente difícil. La gente envejece sin hacerse *mayor*.

El presente libro sigue el rastro, histórica y sistemáticamente, de las causas y síntomas de la disincronía. Pero también reflexiona sobre la posibilidad de una recuperación. Si bien se considerarán las heterocronías o las ucronías, el presente estudio no se limita al descubrimiento y la restitución de estos lugares, excepcionales e insólitos, de la duración. Más bien, de un modo prospectivo, se prestará atención mediante una mirada histórica a la necesidad de que la vida, incluso en su expresión más cotidiana, debe adoptar otra forma, a fin de evitar cualquier época de crisis. No se trata de lamentar la pérdida de la época de la narración. El final de la narración, el final de la historia, no tiene por qué traer consigo un vacío temporal. Al contrario, da lugar a la posibilidad de una vida que no necesita la teología ni la teleología, y que, a pesar de ello, tiene su propio aroma. Pero requiere una revitalización de la *vita contemplativa*.

La crisis actual no está menos vinculada a la absolutización de la *vita activa*. Esta conduce a un *imperativo del trabajo*, que degrada a la persona a *animal laborans*. La *hiperkinesia* cotidiana arrebata a la vida humana cualquier elemento contemplativo, cualquier capacidad para demorarse. Supone la pérdida del mundo y del tiempo. Las llamadas estrategias de desaceleración no son capaces de acabar con la crisis temporal contemporánea. En realidad, no hacen más que esconder el verdadero problema. Es necesaria una revitalización de la *vita contemplativa*. La crisis temporal solo se superará en el momento en que la *vita activa*, en plena crisis, acoja de nuevo la *vita contemplativa* en su seno.

DES-TIEMPO

Para que en el vacilante intervalo,
para que en lo oscuro haya algo aferrable.

Friedrich Hölderlin

El «último hombre» de Nietzsche es de una actualidad asombrosa. La «salud», que hoy se erige en valor
absoluto, en religión, ya era objeto de «respeto» para
el último hombre.[1] Y, además, es un hedonista. Tiene
su «pequeño placer para el día y su pequeño placer
para la noche». El sentimiento y la nostalgia alejan
el deseo y el placer: «¿Qué es el amor? ¿Qué es la
creación? ¿Qué es el anhelo? ¿Qué son las estrellas?
—pregunta el último hombre y parpadea». Al final,
la vida, larga y sana, pero aburrida, le resultará insoportable. Por eso toma drogas, que lo llevarán a la
muerte: «Un poco de veneno de vez en cuando para
tener sueños agradables. Y mucho veneno al final,
para tener una muerte agradable». Es una paradoja
que su vida, que tanto intenta alargar a través de una
rigurosa política de salud, acabe prematuramente.
Ex-pira *(ver-endet)* a destiempo en lugar de *morir*.

[1] F. Nietzsche, *Así habló Zaratustra*, Madrid, Alianza, 1981,
p. 39.

Quien no puede morir *a su debido tiempo* perece a destiempo. La muerte supone que la vida se termina por completo. Es una *forma de final*. Si la vida carece de toda forma de unidad de sentido, acaba a destiempo. Es difícil morir en un mundo en el que el final y la conclusión han sido desplazados por una carrera interminable sin rumbo, una incompletud permanente y un comienzo siempre nuevo, en un mundo, pues, en el que la vida no concluye con una estructura, una unidad. De este modo, la trayectoria vital queda interrumpida a destiempo.

La aceleración actual tiene su causa en la incapacidad general para acabar y concluir. El tiempo aprieta porque nunca se acaba, nada concluye porque no se rige por ninguna gravitación. La aceleración expresa, pues, que se han roto los diques temporales. Ya no hay diques que regulen, articulen o den ritmo al flujo del tiempo, que puedan detenerlo y guiarlo, ofreciéndole un sostén, en su doble sentido, tan bello. Cuando el tiempo pierde el ritmo, cuando fluye a lo abierto sin detenerse sin rumbo alguno, desaparece también cualquier *tiempo apropiado o bueno*.

Zaratustra invoca, frente a este perecer a destiempo, otra muerte: «Muchos mueren demasiado tarde, y algunos mueren demasiado pronto. Todavía suena extraña esta doctrina: "¡Muere a tiempo!" Morir a tiempo: eso es lo que Zaratustra enseña. En verdad, quien no vive nunca a tiempo, ¿cómo va a morir a tiempo?».[2] El hombre ha perdido completamente el

---

2 *Ibíd.*, p. 115.

sentido de este *a tiempo*. Ha cedido ante el destiempo. También la muerte llega a destiempo, como un ladrón: «Tanto al combatiente como al victorioso les resulta odiosa esa vuestra gesticuladora muerte que se acerca furtiva como un ladrón —y que, sin embargo, viene como señor». Es imposible una libertad para la muerte si esta queda encerrada en la propia vida. Nietzsche piensa en una «muerte consumadora», que, frente a este morir a destiempo, haga que la vida se dé una forma activa a sí misma. Contra todo «cordelero» de larga vida, Nietzsche expone su enseñanza de la muerte *libre*: «Yo os muestro la muerte consumadora, que es para los vivos un aguijón y una promesa». A eso mismo se refiere el «ser libre para la muerte» de Heidegger. De este modo, la muerte, como fuerza creadora y consumadora del presente, ya no se presenta a destiempo, sino que se integra en la vida.[3] Tanto la muerte libre y consumadora de Nietzsche como el ser libre para la muerte de Heidegger responden a una gravitación temporal, que se ocupa de que el pasado y el futuro comprendan abarquen el presente. Esta tensión temporal desliga al presente de su huida infinita y sin rumbo y lo carga de significación. El tiempo justo o el momento opor-

---

3   Véase M. Heidegger, *Ser y tiempo*, Editorial Universitaria, Santiago de Chile, 1997, p. 400: «Solo el ser libre para la muerte le confiere al *Dasein* su finalidad plenaria y lanza la existencia a su finitud. La finitud, cuando es asumida, sustrae a la existencia de la infinita multiplicidad de posibilidades de bienestar, facilidad, huida de responsabilidades, que inmediatamente se ofrecen, y lleva al *Dasein* a la simplicidad de su *destino [Schicksal]*».

tuno solo surgen en el marco de una tensión temporal en un tiempo guiado. En cambio, en un tiempo atomizado, todos los momentos son iguales entre sí. No hay nada que distinga un momento del otro. La fragmentación del tiempo reduce la muerte al perecer. La muerte pone punto final, aunque a destiempo, a la vida, que es un presente que se sucede sin rumbo. De ahí que hoy resulte especialmente difícil morir. Tanto Nietzsche como Heidegger se oponen a la fragmentación del tiempo, que reduce la muerte a un perecer a destiempo.

> Quien tiene una meta y un heredero quiere la muerte en el momento justo para la meta y para el heredero. Y por respeto a la meta y al heredero ya no colgará coronas marchitas en el santuario de la vida. En verdad, yo no quiero parecerme a los cordeleros: estiran sus cuerdas y, al hacerlo, van siempre hacia atrás».[4]

Nietzsche invoca con énfasis al «heredero» y la «meta». Está claro que no es consciente del alcance que tiene la muerte de Dios. Entre sus consecuencias se cuentan, al fin y al cabo, el final de la historia, es decir, el fin de la «meta» y el «heredero». Dios funciona como un estabilizador del tiempo. Se ocupa de que el presente sea duradero, eterno. De este modo, el propio tiempo puntualiza su muerte, se queda sin cualquier elasticidad teológica, teleológica o espiritual. El presente se reduce a un *punto* temporal fugi-

---

4   F. Nietzsche, *Así habló Zaratustra, op. cit.*, p. 115.

tivo. El heredero y la meta han desaparecido de este. El presente no lleva consigo la larga cola del pasado y del futuro. Tras la muerte de Dios, ante la proximidad del final de la historia, Nietzsche hace el terrible esfuerzo de restituir la tensión temporal. La idea del «eterno retorno de lo mismo» no solo es la expresión del *amor fati,* sino también es el intento de rehabilitar el *destino,* sí, el tiempo del destino.

El «se» heideggeriano[5] surge del «último hombre de Nietzsche». Los atributos con los que define el «se» también se pueden aplicar al último hombre. Nietzsche lo describe de la siguiente manera: «Todos quieren lo mismo, todos son iguales: quien tiene sentimientos distintos marcha voluntariamente al manicomio». El «se» de Heidegger también es un fenómeno temporal. La fragmentación del tiempo va acompañada de una masificación y una homogeneidad cada vez mayores. La existencia propia, el individuo en sentido estricto, dificulta el buen funcionamiento del «se», es decir, de la masa. La aceleración del proceso vital impide que se constituyan formas divergentes, que las cosas se distingan, que se desarrollen formas independientes. Todo ello requiere la época de la madurez. En este sentido, no hay mucha diferencia entre el «último hombre» de Nietzsche y el «se» heideggeriano.

5   M. Heidegger, *Ser y tiempo, op. cit.,* p. 151: «En la utilización de los medios de locomoción pública, en el empleo de los servicios de información (periódicos), cada cual es igual a otro. Gozamos y nos divertimos como *se* goza; leemos, vemos y juzgamos sobre literatura y arte como *se* ve y *se* juzga».

Heidegger también invoca la «herencia» y la «transmisión» frente a la fragmentación del tiempo en una sucesión de presentes puntuales. Toda «bondad» es un «legado».[6] La «existencia propia» requiere la «transmisión de una herencia». La «repetición» responde a «la posibilidad de la existencia ya existida».[7] El «legado» y la «transmisión» generan una continuidad histórica. Ante la veloz sucesión de lo «nuevo» se evoca lo «antiguo». En *Ser y tiempo,* Heidegger intenta restituir la historia en vistas a su inminente final, aun en una *forma vacía,* una historia que, sin contenidos, únicamente afirma su fuerza formal temporal.

Hoy en día, las cosas ligadas a la temporalidad envejecen mucho más rápido que antes. Se convierten en pasado al instante, y, de este modo, dejan de captar la atención. El presente se reduce a picos de actualidad. Ya no dura. Frente al dominio de un presente puntual y sin conciencia histórica, Heidegger reivindica una «*des-presentación* del hoy».[8] La causa de la contracción del presente o de esta duración menguante no se debe, como suele pensarse equivocadamente, a la aceleración.[9] El vínculo entre la pérdida de la duración y la aceleración es mucho más complejo. El tiempo se precipita como una avalancha porque ya no cuenta con ningún *sostén* en su

6   *Ibíd.,* p. 399.
7   *Ibíd.,* p. 401.
8   *Ibíd.,* p. 406.
9   Este es el simple esquema que sigue H. Rosa en su monografía *Beschleunigung. Die Veränderung der Zeitstrukturen in der Moderne,* Frankfurt del Meno, Suhrkamp, 2005.

interior. Cada punto del presente, entre los cuales ya no existe ninguna fuerza de atracción temporal, hace que el tiempo se desboque, que los procesos se aceleren sin dirección alguna, y precisamente *por no tener dirección alguna* no se puede hablar de aceleración. La aceleración, en sentido estricto, presupone caminos unidireccionales.

La propia verdad es un fenómeno temporal. Es un reflejo de un presente duradero y eterno. El desbocamiento del tiempo, el presente reducido y fugitivo, la perfora. También la experiencia tiene que ver con una extensión temporal, con una limitación de los horizontes temporales. No es que el pasado haya desaparecido o sea rechazado por el sujeto de la experiencia. En realidad, sigue siendo constitutivo para su presente, para su comprensión. La despedida no diluye la presencia de lo que ha sido. Más bien puede profundizarla. Lo concluido no está completamente al margen del presente de la experiencia. En realidad están entrelazados. Y el sujeto de la experiencia debe permanecer abierto a lo venidero, a lo sorprendente e indefinido del futuro. Si no, queda reducido a un trabajador, que tan solo acaba con el tiempo. Él no cambia. Los cambios desestabilizan el proceso laboral. El sujeto de la experiencia, al contrario, nunca es el mismo. Habita la transición entre el pasado y el futuro. La experiencia comprende un espacio temporal más amplio. Tiene una intensidad temporal, a diferencia de la vivencia *(Erlebnis)*, que es puntual y pobre en temporalidad. La comprensión presenta la misma intensidad temporal que la experiencia. La fuente de su fuerza se encuentra tanto en lo sucedido como en lo futuro. Solo esta limitación de los horizontes temporales hace que el conocimiento se abra a la comprensión. Esta ampliación temporal también distingue la comprensión de la información, que en cierto modo está vacía de tiempo, o es intemporal en el sentido privativo. A partir de esta neutralidad temporal, la información se deja almacenar y emplear a voluntad. En relación a los recuerdos, estos se convierten en informaciones o mercancías. Se desplazan a un espacio sin tiempo, ahistórico. La borradura de la memoria, del tiempo histórico, precede a la grabación de la información. Cuando el tiempo se descompone en una sucesión sin fin de un presente puntual también pierde su tensión dialéctica. En sí misma, la dialéctica es un acontecimiento temporal intensivo. El movimiento dialéctico se debe a una compleja limitación de los horizontes temporales, de hecho, a un *todavía-no del ya*. Aquello que está implícito en el correspondiente presente lo aparta de sí mismo y lo pone en movimiento. El motor dialéctico surge de la tensión temporal entre un ya y un todavía no, entre lo acontecido y lo futuro. En un proceso dialéctico, el presente es rico en tensiones, mientras que hoy en día al presente le falta todo tipo de tensión.

El presente, reducido a picos de actualidad, intensifica, también en el terreno de la acción, la atemporalidad *(Unzeitigkeit)*. La promesa, el compromiso o la lealtad, por ejemplo, son prácticas temporales genuinas. Hacen de vínculo con el futuro al continuar el presente en el futuro y entrecruzarlos. De este modo generan una continuidad temporal que estabiliza. Esta protege al futuro de la violencia del destiempo. Cuando el corto plazo, cada vez más común, desplaza a una praxis vinculadora a largo plazo, que sería, a su vez, una forma de *final*, aumenta la atemporalidad, reflejada en el ámbito psicológico como angustia e inquietud. La creciente discontinuidad, la atomización del tiempo, destruye la experiencia de la continuidad. El mundo se queda *sin tiempo (unzeitig).*

La imagen contraria del tiempo pleno es la de un tiempo de duración vacía que se dilata sin principio ni fin. La duración vacía no se opone al desbocamiento del tiempo, sino que le es cercana. Es, a su vez, una forma silenciosa o el negativo de este quehacer acelerado, el tiempo que queda cuando ya no hay nada más que hacer o resolver, es decir, una forma temporal del quehacer vacío. Tanto esta duración vacía como el desbocamiento del tiempo son consecuencia de la destemporalización *(Entzeitlichung)*. La inquietud del quehacer acelerado también afecta al sueño. Durante la noche se prolonga como duración vacía del insomnio:

> Noche de insomnio: para esto puede haber alguna fórmula capaz de hacer olvidar la vacía duración, las horas penosas que se prolongan en inútiles esfuerzos pareciendo que nunca llegará el fin con el alba. Pero lo que causa esas noches de insomnio en las que el tiempo se contrae y se escapa, inútil, de las manos, son los terrores. Pero lo que en esta contracción de las horas se manifiesta es la contrafigura del tiempo con-

sumado. Si en este el poder de la experiencia rompe el poder de la duración y reúne lo pasado y lo futuro en lo presente, en las impacientes noches de insomnio la duración origina un horror insoportable.[10]

La expresión de Adorno «impacientes noches de insomnio» no es ninguna paradoja, puesto que la impaciencia y la duración vacía tienen el mismo origen. *La impaciencia del día gobierna la noche en una forma vacía*. El tiempo, sin ningún apoyo ni centro de gravedad sobre el que sostenerse, se precipita, transcurre imparable. Este desbocamiento del tiempo, este tiempo que se escapa incesantemente, convierte la noche en una duración vacía. Sin sujeción alguna en la duración vacía es imposible dormir.

La duración vacía es un tiempo desarticulado, desorientado. En ella, ni el antes ni el después son relevantes, no hay recuerdos ni esperanzas. Frente a la infinitud del tiempo, la breve vida humana es una *nada*. La muerte es una violencia que viene de fuera y acaba con la vida a destiempo. Se perece antes de tiempo a destiempo. La muerte no supondría una violencia si fuera un *final* resultante de la vida, del tiempo de vida. Solo así es posible vivir la vida desde sí misma *hasta* el final, morir en el *momento justo*. Solo las formas temporales del final generan, contra la terrible infinitud, una duración, un tiempo pleno, lleno de significado. También dormir, dormir bien, sería, en este sentido, una forma de final.

10   T. Adorno, *Minima Moralia*, Madrid, Taurus, 2001, p. 166.

Resulta significativo que Proust comience con estas palabras *En busca del tiempo perdido*: «Longtemps, je me suis couché de bonne heure» [Durante mucho tiempo he estado acostándome temprano]. La traducción hace desaparecer por completo esta *bonne heure*. Se trata de una expresión ligada al tiempo y a la felicidad *(bon-heur)*. Esta buena hora es la contrapartida de la terrible infinitud, de la espantosa duración que no deja dormir. La ruptura temporal, la discontinuidad radical del tiempo, que tampoco da cabida a ningún recuerdo, provoca un insomnio mortificador. Los primeros pasajes de la novela presentan, en cambio, una feliz experiencia de la continuidad. Se escenifica un apacible ir y venir entre el dormir, los sueños y el despertar, en un agradable fluido de imágenes de recuerdos y sensaciones, un libre vaivén entre pasado y presente, entre el orden estricto y el enredo juguetón. No hay ruptura temporal que conduzca al protagonista a la duración vacía. Quien duerme, más bien, juega, recorre y domina el tiempo: «Cuando un hombre está durmiendo tiene en torno, como un aro, el hilo de las horas, el orden de los años y de los mundos».[11] A veces también aparecen confusiones y enfados. Pero no tienen un final catastrófico. Siempre acaba por acudir en ayuda el «ángel bueno de la certeza»:

En el primer momento tampoco sabía quién era [...] pero entonces el recuerdo descendía hasta mí como

11   M. Proust, *En busca del tiempo perdido*, Madrid, Alianza Editorial, 1966, p. 4.

un socorro llegado de lo alto para sacarme de la nada, porque yo solo nunca hubiera podido salir; en un segundo pasaba por encima de siglos de civilización, y la imagen borrosamente entrevista de las lámparas de petróleo, de las camisas con cuello vuelto, iban recomponiendo lentamente los rasgos peculiares de mi personalidad.[12]

De afuera no llega un murmullo trivial y anónimo o el estruendoso tic-tac del reloj, tan típico del insomnio, de la duración vacía, sino que en el oído penetra una *sonoridad*. También la oscuridad de la noche aparece colorida y llena de vida, como en un calidoscopio:

Me volvía a dormir, y a veces ya no me despertaba más que por breves instantes, lo suficiente para oír los chasquidos orgánicos de la madera de los muebles, para abrir los ojos y mirar al calidoscopio de la oscuridad, para saborear, gracias a un momentáneo resplandor de conciencia, el sueño.[13]

Es un error pensar que la aceleración del proceso de vida actual se debe al miedo ante la muerte. Se suele esgrimir el siguiente argumento:

La aceleración, así se ha demostrado, presenta una estrategia clara como respuesta al problema de la limitación del tiempo de vida, es decir, a la fragmenta-

12 *Ibíd.*, p. 5.
13 *Ibíd.*, p. 4.

ción del tiempo del mundo y el tiempo de la vida en una cultura secular, para la cual, el disfrute de todas las opciones del mundo y el aprovechamiento máximo de las disposiciones propias —y con ello el ideal de la *vida plena*— se ha convertido en el paradigma de una vida exitosa. Quien vive doblando la velocidad también puede aprovechar el doble las oportunidades del mundo y de este modo tener dos vidas en una; quien va infinitamente rápido equipara su tiempo vital al potencialmente ilimitado horizonte del tiempo del mundo, a las posibilidades del mundo, creyéndose capaz de realizar en una única vida terrenal una multiplicidad de posibilidades vitales, y eso hace que ya no necesite temer a la muerte como aniquiladora de opciones.[14]

Quien vive el doble de rápido puede disfrutar en la vida del doble de opciones. La aceleración de la vida hace que esta se multiplique y se acerque al objetivo de una vida plena. Este razonamiento resulta un poco ingenuo. Confunde la consumación con la simple abundancia. La vida plena no se puede explicar teoréticamente en función de la cantidad. No es el resultado de la consumación de oportunidades en la vida. Tampoco la narración es el resultado automático del simple número o enumeración de los acontecimientos. Esta más bien presenta una síntesis particular que se debe al sentido *(Sinn)*. Una larga enumera-

14   H. Rosa, *Beschleunigung. Die Veränderung der Zeitstrukturen in der Moderne*, op. cit., p. 474.

ción de acontecimientos no genera una tensión en la narración. Una narración muy corta puede, al contrario, desarrollar una gran tensión narrativa. Del mismo modo, una vida breve puede alcanzar el ideal de una vida consumada. La tesis de la aceleración no detecta el verdadero problema, que consiste en que la vida actual ha perdido la posibilidad de *concluirse* con sentido *(sinnvoll)*. De ahí proceden el ajetreo y el nerviosismo que caracterizan a la vida actual. Se vuelve a empezar una y otra vez, se hace *zapping* entre las «opciones vitales», porque ya no se es capaz de llegar hasta el final de una posibilidad. Ya no hay historia ni unidad de sentido que colmen la vida. La idea de la aceleración de la vida para su maximización es errónea. Si se observa con detenimiento, la aceleración se descubre como una inquietud nerviosa que da tumbos de una posibilidad a otra. Nunca se llega a la tranquilidad, es decir, a un final.

Otro de los problemas en relación a la muerte hoy en día pasa por el aislamiento radical o la atomización de la vida, que la hace aún más limitada. La vida pierde cada vez más la amplitud que le proporcionaría la duración. Contiene en sí menos mundo. Esta atomización de la vida la hace radicalmente mortal. La inquietud generalizada y el ajetreo se deben, sobre todo, a esta mortalidad particular. A primera vista, este nerviosismo provoca la sensación de que todo se acelera. Pero en realidad no se trata de una verdadera aceleración de la vida. Simplemente, en la vida hay más inquietud, confusión y desorientación. Esta dispersión hace que el tiempo ya no despliegue ninguna fuerza ordenadora. De ahí que en la vida no haya momentos decisivos o significativos. El tiempo de vida ya no se estructura en cortes, finales, umbrales ni transiciones. La gente se apresura, más bien, de un presente a otro. Así es como uno envejece sin hacerse *mayor*. Y, por último, ex-pira a destiempo. Por eso la muerte, hoy en día, es más difícil.

TIEMPO SIN AROMA

Pues en lugar alguno
se ve un inmortal ya en el cielo...

FRIEDRICH HÖLDERLIN

El mundo mítico está lleno de significado. Los dioses no son otra cosa que portadores eternos de significado. Hacen que el mundo sea significativo, que tenga significación y sentido. Narran la relación entre las cosas y los acontecimientos. La relación que se narra genera sentido. La narración crea *mundo* de la nada. Si está lleno de dioses, está lleno de sentido, de narración. El mundo se puede leer como una *imagen*. Solo es necesario dejar vagar la vista aquí y allá, para descubrir el sentido, el orden razonable que surge de esta. Todo ocupa su lugar, es decir, tiene su significado en un orden *(cosmos)* que encaja perfectamente. Si una cosa se aparta de su lugar, es devuelta a su sitio. El tiempo la *guía*. Es orden. Es justicia. Si alguien mueve las cosas de manera arbitraria, muere. El tiempo expiará su muerte. De este modo se vuelve a restituir el orden eterno. Es justo *(dikké)*. Los acontecimientos mantienen una estrecha relación, un encadenamiento lleno de sentido. Ningún acontecimiento debe salirse de este. Cada acontecimiento refleja la sustancia del mundo, eterna e inmutable. No hay movimiento alguno que pueda llevar a la variación del orden existente. En este mundo del eterno retorno, la aceleración no tendría ningún sentido. Aquí, lo único que tiene sentido es la eterna repetición de lo mismo, la reproducción de lo ya sido, de la verdad imperecedera. Así es como vive el hombre prehistórico en un presente duradero.

El mundo histórico se basa en otros supuestos muy distintos. No se presenta al espectador como una *imagen* acabada, que revela una sustancia eterna, un orden inmutable. Los acontecimientos ya no se ordenan sobre una *superficie* estática, sino en una *línea* ininterrumpida. El tiempo, que al encadenar los acontecimientos los dota de sentido, transcurre linealmente. No es la eterna repetición de lo mismo lo que dota de sentido al tiempo, sino la posibilidad del cambio. Todo es un proceso, que implica un progreso o una decadencia. El tiempo histórico genera una significación cuando está *orientado (gerichtet).* La línea temporal tiene una dirección marcada, una sintaxis.

El tiempo histórico no conoce un presente duradero. Las cosas no persisten en un orden inamovible. El tiempo ya no remite hacia atrás, sino que lleva hacia adelante, ya no repite, sino que atrapa. El pasado y el futuro quedan descompensados. Su diferencia, y no su semejanza, es lo que hace que el tiempo, entendido como cambio, proceso, desarrollo, sea significativo. El presente no tiene ninguna sustancia en sí. Solo es un punto de transición. Nada *es.* Todo *será.*

Todo se transforma. La repetición de lo mismo deja lugar al acontecimiento. El movimiento y el cambio no generan desorden, sino un orden nuevo. La significación temporal proviene del futuro. Esta orientación hacia el futuro genera una aspiración hacia adelante, que también *puede* devenir en aceleración.

El tiempo histórico es lineal. Pero se manifiesta de distintas maneras en sus formas de transcurso o aparición. El tiempo escatológico se distingue de cualquier forma de tiempo histórico que prometa un progreso. El tiempo escatológico, en tanto que tiempo último, remite al fin del mundo. El *eskatón* indica el final de los tiempos, el propio final de la historia. La relación del hombre con el futuro se caracteriza por el estar arrojado. El tiempo escatológico no admite ninguna acción *(Handlung)*, ningún proyecto. El hombre no es libre. Está sometido a Dios. No *se* proyecta en el futuro. No proyecta *su* tiempo. Más bien está arrojado al final definitivo del mundo y del tiempo. No es el sujeto de la historia. Es más bien Dios quien dirige.

También el concepto de «revolución» en un principio tenía un sentido muy distinto. Es cierto que se trata de un proceso, pero no está libre del aspecto del retorno y la repetición. En su origen, la *revolutio* se refería al recorrido de las estrellas. En relación con la historia, supone que las formas de dominación, limitadas en su número, se repiten cíclicamente. Los cambios que tienen lugar en el acontecer de la historia se integran en un recorrido circular. El transcurso histórico no está determinado por el progreso, sino por la repetición. Además, el hombre no es un sujeto de la historia libre. La relación del hombre con el tiempo no está determinada por la libertad, sino por el estar arrojado. El hombre no hace la revolución, sino que más bien está sometido a ella, como a las leyes de las estrellas. El tiempo está impregnado de constantes naturales. El tiempo es facticidad.[15]

En la Ilustración se conformó una concepción particular del tiempo histórico. En contraposición a la concepción escatológica del tiempo, parte de un futuro abierto. Su temporalidad no está orientada al ser para el fin, sino a la irrupción de lo nuevo. Adquiere significación por su propio peso. No se apresura desamparada hacia el final apocalíptico. Y no hay facticidad ni constantes naturales que la empujen a la repetición circular. De este modo, la revolución adquiere un significado muy distinto. Ya no entraña la representación del movimiento circular estelar. La temporalidad de los acontecimientos no está marcada por un tiempo de transcurso circular, sino lineal, progresivo.

La concepción del tiempo de la Ilustración se libera del estar arrojado y de la facticidad. El tiempo será *desfactizado (defaktiziert)* y, a la vez, *desna-*

---

15   R. Koselleck, *Futuro pasado. Para una semántica de los tiempos históricos*, Barcelona, Paidós, 1993, p. 71: «Así como las estrellas trazan su curso circular independientemente de los seres humanos terrenales, pero influyendo también en los hombres o incluso determinándolos, del mismo modo también resuena desde el siglo XVII en el concepto político de revolución en un doble sentido: las revoluciones se realizan por encima de las cabezas de los participantes, pero cada uno de los afectados queda prisionero de sus leyes».

turalizado (entnaturalisiert). Ahora es la libertad la que determina la relación del hombre con el tiempo. Ya no está arrojado al final de los tiempos ni al ciclo natural de las cosas. La historia está animada por la idea de la libertad, del «progreso de la razón humana».[16] El sujeto del tiempo ya no es un Dios dirigente, sino el hombre libre, que se proyecta en el futuro. El tiempo no depende del destino, sino de su *diseño.* La relación del hombre con el futuro no está marcada por el estar arrojado ni por la factibilidad. El hombre es quien *hace (produire)* la revolución. De ahí que puedan aparecer conceptos como revolucionar y revolucionario. Hacen referencia a la factibilidad. Esta idea, sin embargo, desestabiliza al mundo, incluso al propio tiempo. Ese Dios que durante un largo período funcionó como fundador de un presente eterno, estabilizador en todo sentido, se va despidiendo poco a poco del tiempo.

La creencia en la factibilidad empuja la innovación que se da en las ciencias naturales del siglo XVI. Cada vez aparecen más innovaciones técnicas en menos tiempo. El aforismo de Bacon, «el conocimiento es poder», es un reflejo de esta creencia en la productibilidad *(Herstellbarkeit)* del mundo. La revolución política está ligada a la revolución industrial. Ambas están fundadas y se mueven por las mismas creencias. Una entrada de la enciclopedia *Brockhaus* sobre el ferrocarril, relaciona, en tono heroico, la revolu-

---

16 M. Robespierre, *La revolución jacobina*, Barcelona, Península, 1973, p. 107.

ción industrial y la política. El ferrocarril se transfigura en un «vagón de vapor triunfal»[17] de la revolución.

En la Ilustración, la revolución se refiere a un tiempo desfactizado. Liberado de todo estar arrojado, de cualquier fuerza natural o teológica, el mundo, como un coloso de vapor, se desata hacia el futuro, donde espera encontrar la salvación. Hereda la teología de la concepción temporal de la escatología. La historia sigue siendo una historia de salvación. Y ahora, puesto que el objetivo se encuentra en el futuro, la aceleración del proceso cobra sentido. Así hablaba Robespierre en la ceremonia constitucional de 1793: «Les progrès de la raison humaine ont préparé cette grande révolution, et c'est à vous qu'est specialement imposé le devoir de l'accélérer».[18]

Ahora es el hombre libre, y no Dios, el amo del tiempo. Liberado del estar arrojado, diseña lo venidero. Este *cambio de régimen* de Dios al de los hombres tiene consecuencias. *Desestabiliza el tiempo*, puesto que Dios es aquella instancia que imprime un carácter definitivo al orden dominante, el sello de la verdad eterna. Representa un presente duradero. Con el cambio de régimen, el tiempo pierde este *sostén*, que opone una resistencia al cambio. También *La muerte de Dantón*, el drama revolucionario de Büchner, se refiere a esta experiencia. Camille procla-

17   *Conversations-Lexikon der Gegenwart*, «Eisenbahnen», Leipzig, 1838, vol. 1, p. 1136.

18   M. Robespierre, *op. cit.*: «Los progresos de la razón humana han preparado esta gran Revolución y a vosotros corresponde especialmente el deber de acelerarla».

ma: «Las ideas fijas comunes que pasan por ser el sentido común son insoportablemente aburridas. El hombre más feliz fue aquel que pudo imaginarse que era Dios Padre, Hijo y Espíritu Santo».[19]

El tiempo histórico *puede* precipitarse hacia adelante porque no reposa en sí mismo, porque su centro de gravedad no está en el presente. No admite ninguna demora. La demora solo retrasa el proceso progresivo. Ninguna duración *guía* al tiempo. El tiempo tiene sentido en tanto que progresa hacia una meta. De este modo la aceleración cobra sentido. Pero, debido a la significatividad del tiempo, no se percibe como tal. En primer plano está el *sentido* de la historia. La aceleración solo se impone en cuanto tal cuando el tiempo pierde su significatividad histórica, su sentido. Se tematiza o se convierte en problemática cuando el tiempo es arrastrado hacia un futuro vacío de significado.

El tiempo mítico funciona como una *imagen*. El tiempo histórico, en cambio, tiene la forma de una *línea* que se dirige, o se precipita, a un objetivo. Cuando la línea pierde la tensión narrativa o teleológica, se descompone en puntos que *dan tumbos* sin dirección alguna. El final de la historia genera una atomización del tiempo, convirtiéndolo en un tiempo de puntos. El mito desaparece para siempre de la historia. La imagen estática se transforma en una línea sucesiva. La *historia* deja lugar a las *informaciones*. Estas no

19   G. Büchner, *La muerte de Dantón*, Barcelona, Icaria, 1982, p. 130.

tienen ninguna amplitud ni duración narrativa. No están centradas ni siguen una dirección. En cierto modo, se apoyan en nosotros. La historia ilumina, selecciona y canaliza el enredo de acontecimientos, le impone una trayectoria narrativa lineal. Si esta desaparece, se arma un embrollo de informaciones y acontecimientos que da tumbos sin dirección. Las informaciones *no tienen aroma*. En eso se diferencian de la historia. En contra de la tesis Baudrillard, la información no se relaciona con la historia como la simulación siempre perfecta del original o del origen.[20] En realidad, la información presenta un nuevo paradigma. En su interior habita otra temporalidad muy diferente. Es una manifestación del tiempo atomizado, de un tiempo de puntos *(Punkt-Zeit)*.

Entre los puntos se abre necesariamente un vacío, un intervalo vacío, en el que no sucede nada, no se produce *sensación* alguna. El tiempo mítico e histórico, en cambio, no dejan ningún vacío, puesto que la imagen y la línea no tienen ningún intervalo. Construyen una continuidad narrativa. Solo los puntos dejan un intervalo vacío. Los intervalos, en los que no sucede nada, causan aburrimiento. O se presentan como una amenaza, puesto que donde no sucede

20   J. Baudrillard, «El año 2000 no tendrá lugar», *El País*, 13 de octubre de 1985: «No volveremos ya a encontrar la música de antes de la estereofonia; no volveremos a encontrar ya la historia de antes de la información y de los media. La esencia original (de la música, de lo social...), el concepto original (del inconsciente, de la historia...), han desaparecido porque nunca más podremos aislarlos de su modelo de perfección, que es al mismo tiempo su modelo de simulación».

nada, donde la intencionalidad se queda en nada, está la muerte. De este modo, el tiempo de puntos siente el impulso de suprimir o acortar los intervalos vacíos. Para evitar que *se demoren demasiado*, se intenta que las *sensaciones* se sucedan cada vez más rápido. Se produce una aceleración cada vez más histérica de la sucesión de acontecimientos o fragmentos, que se extiende a todos los ámbitos de la vida. La falta de tensión narrativa hace que el tiempo atomizado no pueda mantener la atención de manera duradera. Eso hace que la percepción se abastezca constantemente de novedades y radicalismos. El tiempo de puntos no permite ninguna demora contemplativa.

El tiempo atomizado es un tiempo discontinuo. No hay nada que ligue los acontecimientos entre ellos generando una relación, es decir, una duración. Así pues, la percepción se confronta con lo inesperado y lo repentino, que despiertan un miedo difuso. La atomización, el aislamiento y la experiencia de discontinuidades también son responsables de diversas formas de violencia. En la actualidad, cada vez se desmoronan más estructuras sociales que antes proporcionaban continuidad y duración. La atomización y el aislamiento se extienden a toda la sociedad. Las prácticas sociales tales como la promesa, la fidelidad o el compromiso, todas ellas prácticas temporales que crean un lazo con el futuro y limitan un horizonte, que crean una duración, pierden importancia.

Tanto el tiempo mítico como el histórico poseen una tensión narrativa. El tiempo está compuesto por un encadenamiento particular de acontecimientos. La narración da aroma al tiempo. El tiempo de puntos, en cambio, es un tiempo sin aroma. El tiempo comienza a tener aroma cuando adquiere una duración, cuando cobra una tensión narrativa o una tensión profunda, cuando gana en profundidad y amplitud, en *espacio*. El tiempo pierde el aroma cuando se despoja de cualquier estructura de sentido, de profundidad, cuando se atomiza o se aplana, se enflaquece o se acorta. Si se desprende totalmente del anclaje que le hace de sostén y de guía, queda abandonado. En cuanto pierde su soporte, se precipita. La aceleración de la que tanto se habla hoy en día no es un proceso primario que acaba comportando distintos cambios en el mundo de la vida, sino un síntoma, un proceso secundario, es decir, una *consecuencia* de un tiempo que se ha quedado sin sostén, atomizado, sin ningún tipo de gravitación que lo rija. El tiempo se precipita, se agolpa para equilibrar una *falta de Ser* esencial, aunque no lo consigue, porque la aceleración por sí misma no proporciona ningún *sostén*. Solo hace que la falta de Ser resulte incluso más penetrante.

LA VELOCIDAD DE LA HISTORIA

*Sa vie Serait une suite interrompue
de sensations que rien ne lierait.*

DENIS DIDEROT

La técnica moderna aleja al hombre de la Tierra. Los aviones y las naves espaciales lo arrancan de la fuerza de gravedad terrestre. Cuanto más se distancia de la Tierra, más se empequeñece. Y cuanto más rápido se mueve en ella, más se encoge. Toda supresión de la distancia en la Tierra trae aparejado un mayor alejamiento del hombre respecto a ella. De ahí que el hombre se aliene de la Tierra. Internet y el correo electrónico hacen que la geografía y la propia Tierra desaparezcan. El correo electrónico no lleva ninguna marca que permita reconocer desde dónde se ha enviado. No tiene espacio. La técnica moderna *destierra (entterranisiert)* la vida humana. La filosofía de Heidegger sobre el «arraigo» es un un intento de que el hombre *recupere esa tierra (reterranisieren)* y la *facticidad (refaktizieren).*

Jean Baudrillard explica el final de la historia con la imagen de un cuerpo que, en virtud de la aceleración, se libera de la fuerza de la gravedad: «De acuerdo con esta imagen cabe suponer que la aceleración de la modernidad, técnica, incidental, mediática, la aceleración de todos los intercambios económicos, políticos, sexuales, nos ha conducido a una velocidad de liberación tal que nos hemos salido de la esfera referencial de lo real y de la historia».[21] Según Baudrillard es necesaria «cierta lentitud» para que los acontecimientos puedan condensarse o cristalizar en historia. La imagen de Baudrillard del cuerpo que se acelera sugiere que la aceleración es la responsable del fin de la historia, que es la causa de la amenazante pérdida de sentido. En virtud de la aceleración —dice esta «convincente» hipótesis—, las cosas son expulsadas de la esfera referencial dotadora de sentido y se descomponen en fragmentos, en partículas de lo real, aisladas en sí mismas, que dan tumbos en un espacio vaciado de sentido. Esta inmensa energía cinética, cuyo origen no nos lo han dado a conocer, arranca a las cosas de su órbita, es decir, de su relación de sentido:

> Más allá de este efecto gravitacional que mantiene los cuerpos en órbita, todos los átomos de sentido se pierden en el espacio. Cada átomo prosigue su propia trayectoria hasta el infinito y se pierde en el espacio. Exactamente eso es lo que estamos viviendo en nuestras sociedades actuales, que se empeñan en acelerar todos los cuerpos, todos los mensajes, todos los procesos en todos los sentidos [...]. Cada hecho,

21   J. Baudrillard, *La ilusión del fin*, Barcelona, Anagrama, 1995, p. 9.

político, histórico, cultural, está dotado de una energía cinética que lo desgaja de su propio espacio y lo propulsa a un hiperespacio donde pierde todo su sentido, puesto que jamás regresará de allí.[22]

La imagen del átomo, que en virtud de la aceleración es propulsado en todas direcciones y desgajado de la relación de sentido a su alrededor, no acaba de ser correcta. Sugiere una relación de causalidad entre la aceleración y la pérdida de sentido. Sin duda, no se puede negar una posible interacción entre la aceleración y el vacío de sentido. Pero la suposición de que un «acelerador de partículas ha quebrado definitivamente la órbita referencial de las cosas» resulta problemática.

La aceleración no es la única explicación posible de la desaparición del sentido. Se puede plantear un escenario muy distinto. La fuerza de gravedad que marca la trayectoria de las cosas va desapareciendo lentamente. Las cosas, liberadas de sus referencias de sentido, empiezan a flotar y a dar tumbos sin dirección. Desde fuera, esta escena podría dar la impresión de que las cosas, en virtud de la aceleración, se liberaran de la fuerza de gravedad. En realidad, sin embargo, se escapan de la Tierra y se alejan las unas de las otras por la falta de *gravitación de sentido*. La expresión «átomos de sentido» también conduce a error, porque el sentido no es nuclear. De los átomos solo puede surgir una violencia sin sentido. La falta de gravitación provoca que las cosas se aíslen en

22 *Ibíd.*, p. 10.

átomos vaciados de sentido. Las cosas ya no siguen una trayectoria que las ligue a un contexto de sentido. De este modo quedan reducidas a átomos que se pierden en un «hiperespacio» vacío de sentido. La pérdida de sentido no proviene, en este caso, de la «velocidad de liberación», que arranca las cosas de la esfera referencial y de la historia, sino que se debe a la ausencia de gravitación o a la débil condición de esta. La falta de fuerza de gravedad trae consigo una nueva condición, una nueva constelación del Ser, que hoy en día tiene distintas manifestaciones. La aceleración es *solo una de ellas*. También podemos considerar que la desaparición de la trayectoria de las cosas, que les confiere a estas una dirección, es decir, un sentido, es la responsable del fenómeno contrario de la aceleración, es decir, del reposo de las cosas. El propio Baudrillard se da cuenta de que no solo la aceleración, sino también la lentitud, podría conducir al final de la historia:

> La materia retrasa el paso del tiempo. Con mayor precisión, el tiempo, en la superficie de un cuerpo muy denso, parece ir a marcha lenta. Esta masa, esta materia inerte de lo social, no resulta de la falta de intercambios, de información y de comunicación; resulta, por el contrario, de la multiplicación y de la saturación de intercambios, de información, etcétera. Nace de la hiperdensidad de las ciudades, de las mercancías, de los mensajes, de los circuitos. Es el astro frío de lo social, y en los alrededores de esta masa, la historia se enfría [...]. Acabará por detener-

se, por extinguirse, como la luz y el tiempo en las inmediaciones de una masa infinitamente densa».[23]

Baudrillard vuelve a relacionar aquí el final de la historia con la cuestión de la velocidad. Tanto una velocidad demasiado alta como demasiado baja de la circulación social y económica comportan la desaparición de la historia. Por lo tanto, la historia o la producción de sentido son resultado de una determinada velocidad del proceso de intercambio. No debe ser demasiado lento ni demasiado rápido. Un exceso de velocidad destruye el sentido. Una velocidad demasiado baja, en cambio, genera un atasco que impide cualquier movimiento.

Pero, en realidad, la historia no tiene una sensibilidad especial ante los cambios de velocidad de los procesos de intercambio social y económico. La *mera* velocidad no supone gran influencia en la producción de sentido histórico. Se debe más bien a la inestabilidad de la trayectoria, a la desaparición de la propia gravitación, a las irritaciones *(Irritationen)* u oscilaciones temporales. Entre ellas *no solo se cuentan la aceleración, sino también la ralentización*. Las cosas se aceleran porque no tienen ningún sostén, porque no hay nada que las ate a una trayectoria estable. La particularidad de la trayectoria consiste en que funciona de manera selectiva, y solo puede incluir determinadas cosas porque es angosta. Si esta órbita narrativa de la historia se desmorona completamente, *también*

23   J. Baudrillard, «El año 2000 no tendrá lugar», *op. cit.*

se produce una masificación de los acontecimientos y las informaciones. Todo se amontona en el presente. Se generan atascos que hacen que todo vaya más lento. Pero el atasco no es un efecto de la aceleración. Es la desaparición de una órbita selectiva la que genera una masificación de acontecimientos e informaciones. Baudrillard reconoce que el final de la historia no solo tiene que ver con la aceleración, sino también con la ralentización. Sin embargo, responsabiliza directamente a la velocidad de la pérdida de sentido. A él, como a tantos otros, le pasa desapercibido que la aceleración *y* la ralentización sean manifestaciones distintas de un proceso profundo. Entienden, de manera equivocada, que el reposo también es una *consecuencia* de la aceleración generalizada:

> Los dos diagnósticos del tiempo, la aceleración social y la paralización social, solo son contradictorios, por más que puedan parecerlo, a primera vista. La gran metáfora del *reposo vertiginoso* [...] los reúne en un diagnóstico post-histórico, en el que lo frenético de la historia de los acontecimientos lleva a su paralización.[24]

Según esta problemática tesis, la ralentización y la paralización presentan «un elemento *interno* y un principio complementario *inherente* al propio proceso de aceleración».[25] Se postula, erróneamente, una

---

24   H. Rosa, *Beschleunigung. Die Veränderung der Zeitstrukturen in der Moderne, op. cit.*, p. 41.
25   *Ibíd.*, p. 153.

«dialéctica del paso de la aceleración y el movimiento a la paralización y el reposo».[26] El reposo no tiene su origen, como suele cometerse el error de creer, en el hecho de que todos quieran correr a la vez, de que se toquen todas las teclas al mismo tiempo. No se trata de «la otra cara» del proceso de aceleración.[27] No está causado por la aceleración del movimiento y los intercambios, sino en el *ya-no-saber-hacia-dónde*. A primera vista, esta falta de orientación conlleva fenómenos contrarios: aceleración y paralización. Son dos caras de la *misma* moneda.

La des-temporalización *(Entzeitlichung)* generalizada implica la desaparición de los cortes temporales y las conclusiones, los umbrales y las transiciones, que son constitutivos de sentido. La falta de una articulación fuerte del tiempo da lugar a la sensación de que transcurre con mayor rapidez que antes. Esta sensación se intensifica porque los acontecimientos se desprenden con rapidez los unos de los otros, sin dejar una marca profunda, sin llegar a convertirse en una *experiencia*. La falta de gravitación hace que las cosas solo se rocen superficialmente. Nada importa. Nada es *decisivo*. Nada es definitivo. No hay ningún corte. Cuando ya no es posible determinar qué tiene importancia, todo pierde importancia. El exceso de posibilidades de conexión equivalentes, es decir, de

26   *Ibíd.*, p. 479.
27   *Ibíd.*, p. 87: «Las experiencias de la paralización *(Stillstand)* no solo parece que se presenten simultáneamente con la sensación de velocidades potenciadoras de cambio e intercambio, sino como experiencias complementarias que son su reverso».

potenciales direcciones, pocas veces conduce a las cosas a una conclusión. El concluir presupone un tiempo articulado, orgánico. Pero en un proceso abierto e infinito nada llega a su fin. La inconclusión se convierte en estado permanente.

Las teorías de la aceleración que sostienen que se trata de la fuerza motor de la modernidad resultan problemáticas. Presuponen un aumento de la velocidad por todas partes. También creen distinguir una mayor aceleración en la literatura moderna, que a nivel estructural se expresa en un tiempo narrativo más intenso: «El tiempo transcurre cada vez más rápido en el curso de la novela. Eso hace que en un mismo número de páginas se presenten, al principio del libro, solo unas pocas horas del tiempo narrado, para que luego se conviertan en días y acaben en semanas, de modo que al final de la obra se compriman, en unas pocas páginas, meses y años».[28] La idea de un aumento progresivo de la velocidad narrativa surge de una concepción parcial e incompleta, puesto que va acompañada, paradójicamente, de una desaceleración del tiempo narrativo, que se acerca al reposo. La aceleración *y* la desaceleración tienen una raíz común en una *des-temporalización narrativa*. Son manifestaciones distintas del *mismo* proceso. La focalización en la aceleración esconde el proceso, que también se manifiesta en las formas de reposo y ralentización.

28   H. Rosa, *Beschleunigung. Die Veränderung der Zeitstrukturen in der Moderne*, op. cit., p. 78.

La des-temporalización no permite que tenga lugar ningún progreso narrativo. El narrador se demora en los acontecimientos más pequeños e insignificantes, porque no sabe *distinguir* lo que es importante de lo que no lo es. La narración implica diferencias y elecciones. La novela de Michel Butor *El empleo del tiempo* escenifica esta crisis narrativa, que, a su vez, es una crisis temporal. La lentitud de la narración se debe a la incapacidad del narrador de dividir lo sucedido en cortes y segmentos representativos. La falta de trayectoria narrativa, que funciona de manera selectiva, hace que el narrador no pueda elegir qué es significativo. La narración pierde todo ritmo. La dilación *y* las prisas son dos de los síntomas de la falta de tensión narrativa.[29] La narración no encuentra el ritmo que le permita *pasar armónicamente de la lentitud a la aceleración*. El ritmo narrativo presupone un tiempo cerrado. La fragmentación temporal no permite que se produzca una recopilación, una reunión de los acontecimientos en una unidad cerrada, y eso da lugar a saltos y oscilaciones temporales. La masa desordenada de acontecimientos genera *tanto* una aceleración *como* una ralentización del tiempo narrativo. Si se agolpa en el presente, la narración se precipita de un modo inevitable. Si se difumina en una indiferencia generalizada, entonces la narración toma un curso torpe. La falta de control sobre esta masa hace que la narración pierda toda orientación y también el ritmo.

29   Véase J. Mecke, *Roman-Zeit. Zeitformen und Dekonstruktion des französischen Romans der Gegenwart*, Tübingen, 1990.

Esta falta de ritmo no solo provoca la aceleración sino también la ralentización de la narración.

La des-temporalización hace que desaparezca cualquier tensión narrativa. El tiempo narrado se descompone en una cronología vacía de acontecimientos. Deberíamos hablar de una enumeración, más que de una narración. Los acontecimientos no se imprimen en una imagen coherente. Esta incapacidad de síntesis narrativa y también temporal, genera una crisis de identidad. El narrador ya no es capaz de reunir los acontecimientos a *su* alrededor. La dispersión temporal destruye toda compilación. De ahí que el narrador no encuentre una identidad estable. La crisis temporal es una crisis identitaria. La falta de tensión narrativa también imposibilita que la narración se cierre con sentido. Va saltando infinitamente de un acontecimiento a otro sin conseguir avanzar, sin llegar. Solo puede ser interrumpida abruptamente. La interrupción a destiempo sustituye el final con sentido. En *El empleo del tiempo* una despedida acude en su ayuda. La narración se interrumpe a destiempo:

> no tengo tiempo de anotar lo que sucedió la noche del 29 de febrero que se va a borrar cada vez más de mi memoria, cuanto más me aleje de ti, Bleston, el agonizante, Bleston lleno de brasas que yo azuzo, aquello que me parecía importante a propósito del 29 de febrero, puesto que la aguja grande se ha puesto vertical y con mi partida termino esta última frase.[30]

30   M. Butor, *El empleo del tiempo*, Barcelona, Seix Barral, 1958.

DE LA ÉPOCA DEL MARCHAR
A LA ÉPOCA DEL ZUMBIDO

Quien algún día enseñe a los hombres a volar,
ése habrá cambiado de sitio todos los mojones;
para él los propios mojones volarán por el aire
y él bautizará de nuevo a la tierra,
llamándola «La Ligera».

FRIEDRICH NIETZSCHE

Según Zygmunt Bauman, el hombre moderno es un peregrino que recorre el mundo como si se tratara de un desierto, dando forma a lo informe, prestando continuidad a lo episódico y haciendo un todo de lo fragmentario.[31] El peregrino moderno practica una «vida hacia». Su mundo está «determinado».[32] La idea del «peregrino» de Baumann no se corresponde con el hombre moderno, pues el *peregrinus* se siente extranjero en esta tierra. No se siente en casa *aquí*. Por eso siempre está en camino hacia algún lugar. Para la modernidad desaparece la diferencia entre aquí y allí. El hombre moderno no avanza hacia un lugar, sino hacia un aquí mejor o distinto. En cambio, el *peregri-*

31   Z. Bauman, «De peregrino a turista, o una breve historia de la identidad», en S. Hall y P. du Gay (eds.) *Cuestiones de identidad cultural*, Buenos Aires-Madrid, Amorrortu, pág 46.
32   *Ibíd.*, p. 48.

nus no conoce ningún progreso en el aquí. Su camino está lejos de ser «claro» o «seguro». La incertidumbre y la inseguridad forman parte del desierto. En contraposición al peregrino, que sigue un camino marcado, el hombre moderno se abre su propio camino. Más bien es un soldado, o un obrero, que marcha hacia una meta. El *peregrinus* está arrojado a su facticidad. El hombre moderno, en cambio, es libre.

La modernidad es una época desfactización *(Defaktizierung)* y libertad. Se libera del estar arrojado, y de aquel que la arroja o la proyecta, es decir, Dios. La desfactizacion y la secularización se basan en la misma hipótesis. El hombre se erige en sujeto de la historia, y se enfrenta al mundo como si este fuera un objeto que pudiera construirse. La producción ocupa el lugar de la repetición. La libertad ya no está definida por la facticidad. Antes de la modernidad, en cambio, el hombre seguía una trayectoria dada, que se repetía eternamente, como las órbitas de los cuerpos celestes. El hombre premoderno está arrojado a las cosas dadas, que acepta o sufre. Es un hombre de facticidad y repetición.

La modernidad ya no se sostiene sobre una narración teológica. Sin embargo, la secularización no comporta una desnarrativización *(Denarrativisierung)* del mundo. La modernidad sigue siendo narrativa. Es una época de la historia, de una historia del progreso y de la evolución. Se espera que llegue una salvación futura dirigida al mundo interior. La narración del progreso o de la libertad otorga al tiempo un sentido y una significación. La aceleración resulta sensata y deseable en virtud de un objetivo que se espera que tenga lugar en el futuro. Se deja integrar en la narración sin problemas. De ahí que los progresos técnicos vayan acompañados de una narración prácticamente religiosa. Estos deben acelerar la llegada de la salvación futura. En este sentido, el ferrocarril se sacralizará como máquina del tiempo capaz de alcanzar más rápido el ansiado futuro en el presente.

Nuestro siglo avanza sobre los raíles de hierro hacia un objetivo espléndido y grandioso. ¡Sobrevolaremos el camino espiritual que tenemos por delante a más velocidad que los espacios físicos! Y del mismo modo que estos bramantes colosos de vapor arrasan con cualquier obstáculo externo que, impertinente u osado, se cruza en su camino, nosotros también esperamos que, con su inmensa fuerza, aplaste cualquier obstáculo espiritual que intente oponer sus reproches y hostilidades. ¡El vagón de vapor triunfal todavía se encuentra al principio de su camino, y por eso avanza lentamente! Con ello se despierta la falsa esperanza de que se puede frenar; pero a medida que avance aumentará el vigor de su velocidad, y superará a todos aquellos que quieran frenarlo poniendo palos a las ruedas de su destino![33]

El autor de esta entrada de la enciclopedia *Brockhaus* relaciona el *telos* de una «humanidad que se determina a sí misma» con el progreso técnico. El ferro-

---

33 *Conversations-Lexikon der Gegenwart*, vol. 1, p. 1136.

carril es una máquina de aceleración que sirve para hacer realidad con más rapidez el sagrado objetivo de la humanidad. «La historia se ha dirigido desde siempre a este objetivo verdaderamente divino, pero gracias a las ruedas del ferrocarril, que avanzan embaladas, llegará unos siglos antes.» La historia, como historia de salvación, sobrevive a la secularización en forma de una historia del progreso mundano. La esperanza de salvación religiosa deja lugar a la esperanza mundana de la felicidad y la libertad.

La intencionalidad de la modernidad es un proyectarse. Se dirige a un objetivo. Se mueve como si se encaminara hacia una meta. No se caracteriza por su paso tranquilo o un deambular sin rumbo. El hombre moderno solo tiene en común con el peregrino su determinación. El paso decidido es elemental para la sincronización y la aceleración. Precisamente la teleología del progreso, es decir, la diferencia entre el presente y el futuro, genera una presión aceleradora. Visto así, la aceleración es una manifestación típica de la modernidad. Presupone un proceso lineal. La aceleración no agrega ninguna cualidad nueva a los movimientos que no siguen una dirección ni tienen unos objetivos claros.

Tras la modernidad, o en la posmodernidad, la falta de teleología genera formas de movimiento y andares muy distintos. No hay un horizonte universal, una meta rectora hacia la cual *marchar*. De ahí que Zygmunt Bauman caracterice el callejear y el vagabundear como formas típicas del andar de la posmodernidad. Los sucesores de los peregrinos modernos son los paseantes y los vagabundos. Pero la sociedad actual no solo está privada del andar sosegado del *flâneur,* sino también de la ligereza flotante del vagabundear. Las prisas, el ajetreo, la inquietud, los nervios y una angustia difusa caracterizan la vida actual. En vez de pasear tranquilamente, la gente se apremia de un acontecimiento a otro, de una información a otra, de una imagen a otra. Esta premura y este desasosiego no son propios del callejear ni del vagabundear. Bauman hace un uso problemático y casi idéntico del callejear y del *zapping.* Estos expresarían la falta de lazo y compromiso posmodernos: «La libertad total se encuentra bajo la dirección de una pantalla, se vive en compañías de superficie y se llama *zapping*».[34] El concepto de libertad resulta muy problemático. Ser libre no significa tan solo ser independiente o no tener compromisos. La ausencia de lazos y la falta de radicación no nos hacen libres, sino los vínculos y la integración. La carencia absoluta de relaciones genera miedo e inquietud. La raíz indogermánica *fri,* de la que derivan las formas libre, paz y amigo *(frei, Friede, Freund)* significa «amar» *(lieben).* Así pues, originariamente, «libre» significaba «perteneciente a los amigos o los amantes». Uno se siente libre en una relación de amor y amistad. El compromiso, y no la ausencia de este, es lo que hace libre. La libertad es una palabra relacional *par excellance.* La libertad no es posible sin un *sostén.*

34 Z. Bauman, «De peregrino a turista, o una breve historia de la identidad», *op. cit.,* p. 56.

Pero al faltar este apoyo, la vida actual no encuentra fácilmente el paso. La dispersión temporal no le permite mantener el equilibrio. *Se tambalea*. Ya no hay ritmos ni ciclos sociales estables que puedan aliviar la asignación temporal individual. No todo el mundo es capaz de definir su tiempo por sí mismo. La cada vez mayor pluralidad de los transcursos temporales desborda y sobreexcita al individuo. La ausencia de pautas temporales no comporta un aumento de la libertad, sino desorientación.

En la posmodernidad, la dispersión temporal es una consecuencia del cambio de paradigma, que no puede atribuirse solo a la intensificación de la aceleración de los procesos vitales y productivos. La aceleración, en sentido estricto, es un fenómeno genuinamente *moderno*. Presupone un proceso de desarrollo lineal, teleológico. La teoría de la modernidad, partiendo de falsos supuestos, erige la aceleración en la fuerza motriz principal de la transformación de todas las estructuras sociales, a la vez que intenta explicar el cambio de estructura en la posmodernidad a partir de la lógica de la aceleración. El drama de la aceleración es un fenómeno de los últimos siglos. Se puede decir que se trata de un drama, puesto que la aceleración va acompañada de una narración. La desnarrativización *(entnarrativisierung)* desdramatiza la trayectoria acelerada y la convierte en un *zumbido (schwirren) sin rumbo*. Al fin y al cabo, el drama de la aceleración tampoco llegará a su fin cuando la velocidad de transmisión de los acontecimientos y las informaciones alcance la velocidad de la luz.

Se considera equivocadamente que las formas de organización características de la modernidad, que llevaron a la aceleración de los procesos de producción e intercambio, han desaparecido de las formas de organización posmodernas porque frenan la aceleración:

> Parece que las fuerzas dinámicas de la aceleración, siguiendo las exigencias de su propio desarrollo, crean por sí mismas las instituciones y prácticas que requieren para, tras alcanzar los límites de velocidad creados por ellas mismas, volver a superarlos. Desde esta perspectiva [...] el *aumento de la velocidad* aparece como el momento motriz de la historia (moderna).[35]

Según la tesis, la identidad personal estable, que en la modernidad sirvió para dinamizar el proceso de intercambio, a partir de una determinada velocidad, y a causa de su falta de flexibilidad, volverá a perderse. Por tanto, todos los cambios de las estructuras sociales tras la modernidad o en la posmodernidad, como la erosión de las instituciones y la atomización de las estructuras sociales, son una consecuencia directa del intenso proceso de aceleración de la modernidad. Según este punto de vista, «la modernidad, por motivos de estructura temporal, se encuentra en transición, en sentido específico, hacia una fase pos-

---

35 H. Rosa, *Beschleunigung. Die Veränderung der Zeitstrukturen in der Moderne*, op. cit., p. 157 y ss.

histórica y de igual modo pospolítica».[36] La desnarrativización posmoderna, según esta problemática
tesis, únicamente responde a una aceleración forzada de los procesos vitales y productivos. Pero en
realidad, por el contrario, es la falta de gravitación
temporal la que provoca el desequilibrio de la vida.
Si la vida pierde el ritmo por completo, se generan
alteraciones temporales. Uno de los síntomas de esta
desnarrativización es el vago sentimiento de que la
vida se acelera, cuando en realidad no hay nada que
lo haga. Si se observa con detenimiento, se verá que
se trata de una sensación de atolondramiento *(Ge-
hetztseins)*. La verdadera aceleración presupone un
proceso con una dirección. La desnarrativización,
sin embargo, genera un movimiento sin guía alguna,
sin dirección, un zumbido indiferente a la aceleración. La supresión de la tensión narrativa comporta
que los acontecimientos, al no estar ya encauzados
en una trayectoria narrativa, deambulen sin rumbo.

Si uno tiene que estar constantemente empezan-
do de nuevo, eligiendo una nueva opción o versión,
es normal que se tenga la impresión de que la vida
se acelera. En realidad, sin embargo, tiene que ver
con la falta de una experiencia de la duración. Si un
proceso, que sigue un curso continuado y se rige por
una lógica narrativa, se acelera, esta aceleración no
se impone a la percepción *en cuanto tal*. Será absor-
bida por la significatividad narrativa del proceso y
no se considerará explícitamente una distorsión o

36   *Ibíd.*, p. 328.

una molestia. También la sensación de que el tiempo pasa mucho más rápido que antes tiene su origen en que la gente, hoy en día, ya no es capaz de *demorarse*, en que la experiencia de la duración es cada vez más insólita. Se considera, de manera equivocada, que el sentimiento de atolondramiento responde al miedo de «perderse algo»:

> El miedo a perderse cosas (valiosas), y el consecuente deseo de intensificar el ritmo vital, [...] son el resultado de un programa cultural desarrollado en la modernidad, que consiste, a partir de la aceleración del «disfrute de las opciones del mundo», es decir, el aumento de la cuota de vivencias, en hacer que la propia vida sea más plena y rica en vivencias e incluso de este modo alcanzar una «buena vida». La *promesa* cultural de la *aceleración* se fundamenta en esta idea, y tiene como consecuencia que los sujetos *quieran* vivir más rápido.[37]

Pero en realidad nos encontramos ante el caso contrario. Quien intenta vivir con más rapidez, también acaba muriendo más rápido. La experiencia de la duración, y no el número de vivencias, hace que una vida sea plena. Una sucesión veloz de acontecimientos no da lugar a ninguna duración. La satisfacción y el sentido no se dejan fundamentar en un cuerpo teórico. Una vida a toda velocidad, sin perdurabilidad ni lentitud, marcada por vivencias fugaces, re-

37 *Ibíd.*, p. 218.

pentinas y pasajeras, por más alta que sea la «cuota de vivencias», seguirá siendo una vida *corta*.

¿Cuál será el *andar del futuro*? La época del peregrino o de la marcha ha quedado atrás para siempre. ¿Volverá el hombre a *marchar* sobre la Tierra tras una breve fase de merodeo? ¿O abandonará definitivamente el peso de la Tierra y del trabajo y descubrirá la ligereza del deambular, el vagabundear flotante en el ocio, es decir, el *aroma de un tiempo flotante*?

LA PARADOJA DEL PRESENTE

¿Está sucediendo? No, no no está sucediendo.
Y sin embargo hay algo que está por venir.
En la espera, cualquier llegada
contiene y abandona.

Maurice Blanchot

Los intervalos o los umbrales forman parte de la topología de la pasión. Son zonas de olvido, de pérdida, de muerte, de miedo y de angustia, pero también de anhelo, de esperanza, de aventura, de promesa y de espera. El intervalo, en muchos sentidos, también es una fuente de sufrimiento y dolor. La pasión recuerda, en su lucha contra el tiempo, aquello que lo acontecido relega al olvido. La novela sobre el tiempo de Proust es, visto así, una historia de la pasión. La espera se convierte en pasión cuando el intervalo temporal que separa el presente del futuro esperado se prolonga en lo abierto. Provoca sufrimiento cuando el cumplimiento de lo ansiado o prometido, es decir, el momento de la posesión o de la llegada definitivas, se dilata.

El intervalo temporal se extiende entre dos situaciones o acontecimientos. El intermedio es un tiempo de transición, en el que uno no se encuentra en una situación definida. Nada puede definir este «en medio de». El exceso de indefinición genera un sentimiento de inquietud y angustia, más concretamente, un sentimiento límite *(Schwellengefühl)*. El paso a lo desconocido inquieta y angustia. En el umbral el andar vacila. También el recelo forma parte del sentimiento límite. El intermedio que separa la partida de la llegada es un tiempo indefinido, en el que hay que prever lo imprevisible. Pero también es el tiempo de la esperanza o de la espera que prepara la llegada.

El camino que separa el lugar de partida de la meta también es un intervalo. Posee una semántica rica, como el propio *lugar*. La peregrinación, por ejemplo, no es un espacio intermedio vacío que habría que recorrer lo más rápido posible. Es, más bien, constitutiva de la meta a la que se llega. Estar en camino adquiere aquí una gran importancia. El caminar apunta a la penitencia, la sanación o el agradecimiento. Es una plegaria. El peregrinaje no es un mero andar, sino una transición hacia un *lugar*. El peregrino se dirige, temporalmente, al futuro, en el que espera la curación. En este sentido, no es un *turista*. Este no conoce ninguna *transición*. En todos los sitios se trata del *aquí y el ahora*. El turista no está en *camino* en sentido estricto. Los caminos son reducidos a trayectos vacíos que no merecen *visita* alguna. La totalización del aquí y el ahora despoja a los espacios intermedios de cualquier semántica. En la actualidad, esa experiencia se caracteriza por ser muy pobre en transiciones.

Cuando uno se dirige únicamente a un objetivo, el intervalo espacial hasta el destino solo es un obstáculo que debe superarse lo más rápido posible. La orientación exclusiva a una meta hace que el espacio intermedio no tenga ninguna importancia, lo reduce a un pasillo sin valor propio. La aceleración es el intento de hacer desaparecer el intervalo temporal necesario para la superación del intervalo espacial. Desaparece la prolífica semántica del camino. Es más, el propio camino desaparece. Este ha perdido su aroma. La aceleración conlleva un empobrecimiento semántico del mundo. El tiempo y el espacio ya no tienen demasiada *importancia*.

Cuando el intervalo espacio-temporal solo está ligado a la negatividad de la pérdida y el retraso, todos los esfuerzos se concentran en hacer que desaparezca. Las memorias electrónicas o cualquier otra posibilidad técnica de repetición anulan el intervalo temporal, que es el responsable del olvido. Hacen que el pasado esté disponible al momento. Nada debe impedir el acceso instantáneo. Se eliminan los intervalos, que se oponen a la instantaneidad. La instantaneidad del correo electrónico se debe a que este acaba con los caminos como intervalos espaciales. Se libera del propio espacio. Los intervalos son suprimidos en pos de una proximidad y simultaneidad totales. Se elimina cualquier distancia o lejanía. Se trata de hacer que todo esté a disposición aquí y ahora. La instantaneidad se convierte en pasión. Todo lo que no se puede hacer presente no existe. Todo tiene que estar presente. Los intervalos espaciales y temporales que se *oponen* al presente son suprimidos. Solo hay dos estados: nada y presente. Ya no hay intermedio. Pero el *Ser* es mucho más que la presencia. La vida humana se empobrece cuando se queda sin cualquier intermedio. La cultura humana también es rica en intermedios. A menudo, las fiestas dan forma al intermedio. Como la época de Adviento, que es un entretiempo, un tiempo de espera.

La totalización del aquí aleja el *allí*. La proximidad del aquí destruye el aura de la lejanía. Desaparecen los umbrales que distinguen el allí del aquí, lo invisible de lo visible, lo desconocido de lo conocido, lo inhóspito de lo familiar. La ausencia de umbrales conlleva una visibilidad total y una disponibilidad absoluta. El allí se desvanece en una sucesión ininterrumpida de acontecimientos, sensaciones e informaciones. Todo está aquí. El allí ya no tiene ninguna importancia. El hombre ya no es un *animal de umbrales*. Los umbrales provocan sufrimiento y pasión pero también hacen *feliz*.

Los intervalos no funcionan únicamente como retardadores. También tienen como misión ordenar y articular. Sin intervalos no hay más que una yuxtaposición o un caos de acontecimientos desarticulados, desorientados. Los intervalos no solo estructuran la percepción sino también la vida. Las transiciones y los cortes le confieren una orientación determinada, es decir, un sentido. La desaparición de los intervalos genera un espacio desorientado *(ungerichtet)*. Al no haber ningún segmento definido, ninguna fase puede llegar a su final ni integrarse juiciosamente en la siguiente. Cuando los acontecimientos se relevan rápidamente, tampoco puede surgir la firme determinación de concluir. En un espacio desorientado, se puede interrumpir la acción en cualquier momento y comenzar de nuevo. Ante una multitud de posibilidades de enlace, la conclusión acaba por no tener mucho sentido. Quien llega a una conclusión, incluso puede quedarse sin conexión. Un espacio formado por posibilidades de enlace no conoce ninguna continuidad. Aquí se decide constantemente, y todo el tiempo nuevas aparecen posibilidades, lo que da como resultado un tiempo discontinuo. No hay decisión que sea definitiva. Cada vez que se toma una decisión, surgen otras nuevas. El tiempo lineal e irreversible, es decir, el tiempo del destino, queda superado *(aufgehoben)*.

El espacio de la red tampoco tiene dirección. Es un tejido de posibilidades de conexión, de *links,* que en lo fundamental no se distinguen demasiado los unos de los otros. No hay rumbo, ninguna opción cobra preponderancia absoluta sobre las demás. En una situación ideal, en cualquier momento se puede producir un cambio de dirección. Nada tiene un carácter definitivo. Todo está en la cuerda floja. El espacio de la red no se transita paseando, caminando o marchando, sino *surfeando* o explorando. Estas formas de movimiento no tienen dirección. No siguen ningún *camino.*

El espacio de la red no está formado por fases continuadas y transiciones, sino por acontecimientos o circunstancias discontinuas. Allí no hay progreso ni desarrollo alguno. No tiene historia. El tiempo de la red es un tiempo-ahora *(Jetzt-Zeit)* discontinuo y puntual. Se va de un *link* al otro, de un ahora al otro. El ahora no tiene ninguna duración. No hay nada que incite a detenerse durante mucho tiempo en un punto del ahora *(Jetzt-Stelle)*. La multitud de posibilidades y alternativas hace que uno no tenga la obligación ni la necesidad de demorarse en un lugar. Demorarse largo y tendido solo provocaría aburrimiento.

El final de la condición lineal del mundo no solo genera pérdidas. También hace que sean posibles y necesarias nuevas formas del Ser y de la percepción. El progreso deja lugar a una suspensión *(Schweben)*. La percepción cobra sensibilidad ante los comportamientos no causales. El final de toda linealidad narrativa, que encaja a los acontecimientos por medio de una estricta selección en una trayectoria estrecha, hace que sea necesario moverse y orientarse entre una gran espesura de acontecimientos. El arte y la música actuales también reflejan esta nueva forma de percepción. Las tensiones estéticas no se crean a partir de un desarrollo narrativo, sino de una superposición y densificación de acontecimientos.

Si los intervalos se acortan, se acelera la sucesión de acontecimientos. La densificación de acontecimientos, informaciones e imágenes hace imposible la *demora*. El veloz encadenamiento de fragmentos no deja lugar a una demora contemplativa. Las imágenes, que pasan de manera fugaz por la retina, no logran captar una atención duradera. Propagan su atractivo visual y se desvanecen. En contraposición al saber y la experiencia en sentido intenso, las informaciones y los acontecimientos no tienen un efecto duradero o profundo. La verdad y el conocimiento, entretanto, suenan arcaicos. Remiten a la duración. La verdad debe perdurar, pero se disipa en virtud de un presente cada vez más breve. Y el conocimiento es el resultado de una recolección temporal que incluye el pasado y el futuro en el presente. Tanto la verdad como el conocimiento se definen por una extensión temporal.

Los intervalos cada vez más cortos también definen la fabricación de los productos técnicos o digitales. Hoy en día quedan obsoletos muy rápido. Las nuevas versiones y modelos hacen que tengan una vida muy breve. El impulso de la novedad reduce los ciclos de renovación. Ello se debe a que nada es capaz de generar una duración. No hay ninguna *obra*, ningún final, solo una sucesión infinita de versiones y variaciones. También el *diseño*, como libre juego de formas —en el sentido kantiano de la belleza «libre», es decir, de la bella apariencia sin sentido profundo, sin la dimensión trascendental que da lugar a una «satisfacción» desinteresada—, apunta desde su definición misma a un cambio constante, a una variación constante que debe servir para activar el ánimo *(Gemüt)*, en otras palabras, mantener la atención. No hay un sentido que otorgue una duración a la bella apariencia. No hay un sentido que *rija* el tiempo.

La retracción del presente no vacía ni diluye el tiempo. La paradoja consiste en que todo es en un presente simultáneo, todo tiene la posibilidad, o debe tenerla, de ser ahora. El presente se acorta, pierde la duración. Su marco temporal es cada vez más pequeño. Todo apremia simultáneamente en el presente. Eso tiene como consecuencia una aglomeración de imágenes, acontecimientos e informaciones que hacen imposible cualquier demora contemplativa. Así es como vamos haciendo *zapping* por el mundo.

CRISTAL DE TIEMPO AROMÁTICO

El tiempo transcurre a plena luz del día
con tanto sigilo como el ladrón en la noche.

Clavar la mirada en el tiempo, gritar
hasta que el miedo lo petrifique:
¿redención o catástrofe?

La temporalidad narrativa de Proust puede definirse como una reacción a una «época de prisas» *(une época de hâte)*, en la que el arte sería «breve» *(bref)*.[38] Este pierde su halo épico. El mundo se sofoca. La época de las prisas, para Proust, es la del ferrocarril que, según él, mata cualquier «contemplación». La crítica epocal de Proust también se puede aplicar a cualquier época «cinematográfica», en la que la realidad se descompone en una veloz sucesión de imágenes. Su estrategia temporal frente a esta época de prisas consiste en ayudar a que el tiempo recupere la duración, el aroma.

La búsqueda del tiempo perdido de Proust es una reacción ante la progresiva destemporalización *(Entzeitlichung)* del *Dasein*, que lo disocia. El yo se descompone en una «sucesión de momentos» *(suc-*

---

38 M. Proust, *En busca del tiempo perdido, op. cit.*, p. 769.

cession de moments).[39] De este modo pierde cualquier continuidad, cualquier permanencia. «El hombre que fui ya no existe, soy otro» *(je suis un autre)*.[40] *En busca del tiempo perdido*, la novela sobre el tiempo de Proust, es un intento de devolver la estabilidad a la identidad del yo, que amenaza con desintegrarse. La crisis de la época se experimenta como una crisis de identidad.

Como es bien sabido, la experiencia clave de la novela es el aroma, el sabor[41] de la magdalena mojada en el té de tilo. Un gran sentimiento de felicidad embarga a Marcel cuando se lleva a los labios una cucharada de té con un pedazo de magdalena:

> Un placer delicioso me invadió, me aisló, sin noción de lo que lo causaba. Y él me convirtió las vicisitudes de la vida en indiferentes, sus desastres en inofensivos y su brevedad en ilusoria, todo del mismo modo que opera el amor, llenándose de una esencia preciosa; pero, mejor dicho, esa esencia no es que estuviera en mí, es que era yo mismo. Dejé de sentirme mediocre, contingente y mortal.[42]

---

39   M. Proust, *A la recherche du temps perdu, Albertine disparue,* vol. 13, p. 91.

40   *Ibíd.*, p. 276.

41   El sentido del gusto implica necesariamente olores y aromas. El sabor del té depende, sobre todo, de su aroma. La proximidad espacial entre la fuente del olor y el sentido del olfato hace que la percepción de los olores que se despliegan desde el paladar sea especialmente intensa.

42   M. Proust, *En busca del tiempo perdido, op. cit.*

A Marcel se le concede «un poco de tiempo puro» (*un peu de temps à l'état pur*).[43] Esta esencia aromática del tiempo da lugar a un sentimiento de la duración. De ahí que Marcel se sienta completamente liberado de las meras «contingencias del tiempo» (*contingences du temps*). Una alquimia del tiempo vincula las sensaciones y los recuerdos en un cristal temporal (*Zeitkristall*) despojado tanto del presente como del pasado.[44] De hecho, Proust habla de un cristal aromático, un «cristal» (*cristal*) de las «horas silenciosas, sonoras, fragantes y limpias».[45] El tiempo se concentra (*verdichtet*) «en mil vasos cerrados (*vases clos*) cada uno de los cuales estuviera lleno de cosas de un calor, de un olor, de una temperatura absolutamente diferentes» (*dont chacun serait rempli de choses d'une couleur, d'une odeur, d'une température absolument différentes*).[46] Este vaso lleno de perfumes (*un vase rempli de parfums*)[47] es un lugar «extratemporal» donde no sucede nada, y nada está sometido a una disociación temporal. Pero no se

43 Íd., *Le temps retrouvé*, p. 15.
44 Proust explica del siguiente modo el sentimiento de felicidad que lo embriaga: «Y esta causa la adivinaba comparando aquellas diversas impresiones dichosas y que tenían de común entre ellas el que yo las sentía a la vez en el momento actual y en un momento lejano, hasta casi confundir el pasado con el presente, hasta hacerme dudar en cuál de los dos me encontraba.» M. Proust, *El tiempo recobrado*, Alianza, Madrid, 1991.
45 M. Proust, *Por el camino de Swann*, Alianza, Madrid, 1990, p. 56.
46 M. Proust, *El tiempo recobrado*, *op. cit.*, p. 111.
47 *Ibíd.*, p. 122.

trata de degustar una trascendencia atemporal. Este «celestial alimento» *(la céleste nourriture)*[48] de aroma intenso está compuesto de ingredientes *temporales*. Su aroma no es el de una eternidad atemporal. La estrategia de la duración de Proust permite sentir el aroma del *tiempo*. Presupone que la existencia es histórica, que uno tiene una *trayectoria*. El suyo es el aroma de la *inmanencia*.

Es interesante que el embriagador aroma del tiempo se despliegue en el aroma real. Está claro que el sentido del olfato es un órgano del recuerdo y del despertar. La *mémoire involontaire* también se activa mediante la experiencia táctil (la rigidez de la servilleta almidonada o los adoquines irregulares), acústica (el sonido de una cuchara sobre un plato) y visual (la visión de la torre de Martinville). Pero del recuerdo desatado por el olor y el sabor del té emana un aroma del tiempo especialmente intenso. Resucita el mundo de la infancia.

Los aromas y los olores se entregan por completo al pasado, generan amplios espacios temporales. De este modo ponen los fundamentos para los primeros recuerdos. Un único aroma es capaz de revivir un universo de la infancia ya dado por perdido:

> como ese entretenimiento de los japoneses que meten en un cacharro de porcelana pedacitos de papel, al parecer, informes, que en cuanto se mojan empiezan a estirarse, a tomar forma, a colorearse y a

48   *Ibíd.*, p. 113.

distinguirse, convirtiéndose en flores, en casas, en personajes consistentes y cognoscibles, así ahora todas las flores de nuestro jardín y las del parque del señor Swann y las ninfeas del Vivonne y las buenas gentes del pueblo y sus viviendas chiquitas y la iglesia y Combray entero y sus alrededores, todo eso, pueblo y jardines, que va tomando forma y consistencia, sale de mi taza de té.[49]

Una «impalpable gotita» de té es tan extensa que soporta «el edificio enorme del recuerdo». El gusto *(le goût)* y el olor *(l'odeur)* sobreviven a la muerte de las personas y el deterioro de las cosas. Son islas de duración en el caudaloso curso del tiempo: «Pero cuando nada subsiste ya de un pasado antiguo, cuando han muerto los seres y se han derrumbado las cosas, solos, más frágiles, más vivos, más inmateriales, más persistentes y más fieles que nunca, el olor y el sabor perduran mucho más, y recuerdan, y aguardan, y esperan».[50]

En *Comprender los medios*, McLuchan hace referencia a un experimento interesante que tendría la misma base psicológica que la experiencia de la magdalena de Proust. La estimulación de los tejidos cerebrales durante las operaciones craneales despierta muchos recuerdos. Estos están impregnados de aromas y olores, que les confieren una unidad y son el fundamento de experiencias tempranas.[51] El aro-

49   M. Proust, *Por el camino de Swann, op. cit.*, p. 40.
50   *Ibíd.*
51   M. McLuhan, *Understanding Media*, Düsseldorf-Viena, 1968, p. 159.

ma, de algún modo, está cargado de historia. Está compuesto de historias, de imágenes narrativas. El sentido del olfato es, como destaca McLuhan «icónico» *(iconic)*. Visto así, también podría decirse que es el sentido narrativo épico. Une, entreteje y condensa los acontecimientos temporales en una imagen, una composición narrativa. El aroma, impregnado de imágenes e historia, devuelve la estabilidad a un yo amenazado por la disociación, dándole marco en una identidad, un autorretrato. La extensión temporal permite que vuelva a sí mismo. Este *regreso-a-sí* es feliz. Donde hay aroma hay recogimiento.

El aroma es lento. Por eso no se adecúa, ni desde una perspectiva medial, a la época de las prisas. Los aromas no se pueden suceder a la misma velocidad que las imágenes ópticas. A diferencia de estas, ni siquiera se dejan acelerar. Una sociedad regida por los aromas seguramente no desarrollaría ninguna propensión al cambio y la aceleración. Se alimentaría del recuerdo y la memoria, de la lentitud y la perdurabilidad. Pero, en cambio, la época de las prisas es un tiempo de *visión* «cinematográfica». Acelera el mundo convirtiéndolo en un «desfile cinematográfico de las cosas».[52] El tiempo se desintegra en una mera sucesión de presentes. La época de las prisas no tiene aroma. El aroma del tiempo es una manifestación de la duración. Rehúye la acción *(l'action)*, el «goce inmediato» *(la jouissance immédiate)*.[53] Es indirecto, da rodeos, está mediado.

---

52 M. Proust, *El tiempo recobrado, op. cit.*, p. 119.
53 *Ibíd.*, p. 112.

La práctica narrativa de Proust funciona contra la disociación temporal, aportando un marco a los acontecimientos, integrándolos en una unidad contextual o clasificándolos en épocas. Pasan por una re-asociación. Una red interrelacionada de acontecimientos hace que la vida parezca liberada de la contingencia. Le otorga una significatividad *(Bedeutsamkeit)*. Está claro que Proust está convencido de que la vida, en su capa más profunda, presenta una tupida red urdida con sucesos relacionados, que «teje sin cesar [...] entre los acontecimientos [...] que entre el menor punto de nuestro pasado y todos los demás hay una espesa red de recuerdos que sólo nos deja la elección de las comunicaciones».[54] Ante la falta de relación entre los presentes puntuales, que amenaza con desintegrar el tiempo, Proust opone una trama temporal de referencias y afinidades. Solo hace falta observar atentamente al Ser para darse cuenta de que todas las cosas están entrelazadas, que hasta la más diminuta se comunica con una totalidad. Pero la época de las prisas no tiene tiempo para profundizar en la percepción. Solo en las profundidades del Ser se abre un espacio en el que todas las cosas se aproximan y se comunican las unas con las otras. Esta cordialidad *(Freundlichkeit)* del Ser permite sentir el aroma del mundo.

También la verdad es un acontecimiento relacional. Tiene lugar cuando las cosas se comunican entre ellas en virtud de una afinidad u otro tipo de cercanía,

54 *Ibíd.*, p. 208.

cuando están cara a cara y entablan relaciones, cuando traban amistad:

> Pero la verdad sólo empezará en el momento en que el escritor tome dos objetos diferentes [...] y los encierre en los anillos necesarios de un bello estilo; incluso, como la vida, cuando, adscribiendo una calidad común a dos sensaciones, aísle su esencia común reuniendo una y otra, para sustraerlas a las contingencias del tiempo, en una metáfora.[55]

Solo las relaciones de afinidad, amistad o familia hacen que las cosas sean verdaderas. La verdad es lo opuesto de la mera sucesión fortuita. Implica un *vínculo*, una *relación* y una *proximidad*. Solo las relaciones intensivas hacen que las cosas sean reales:

> Lo que llamamos la realidad es cierta relación entre esas sensaciones y esos recuerdos que nos circundan simultáneamente —relación que suprime una simple visión cinematográfica— [...] relación única que el escritor debe encontrar para encadenar para siempre en su frase los dos términos diferentes.[56]

En este sentido, la construcción de metáforas también se presenta como una práctica de la verdad, al tejer una red rica en relaciones, al poner al descubierto la manera de relacionarse y de comunicarse

55 *Ibíd.*, p. 123.
56 *Ibíd.*, pp. 122 y 123.

entre las cosas. Contrarresta la atomización del Ser. Es una práctica temporal que opone, frente a la veloz sucesión de acontecimientos aislados, la duración, la fidelidad de una relación. Las metáforas son el aroma que desprenden las cosas cuando entablan amistad.

El «goce inmediato» no da lugar a lo bello, puesto que la belleza de una cosa se manifiesta «mucho después», a la luz de otra, por la significatividad de una reminiscencia. Lo bello responde a la duración, a una síntesis contemplativa. Lo bello no es el resplandor o la atracción fugaz, sino una persistencia, una fosforescencia de las cosas. La temporalidad de lo bello es muy distinta de la del «desfile cinematográfico de las cosas». La época de las prisas, su sucesión «cinematográfica» de presentes puntuales, no tiene ningún acceso a lo bello o lo verdadero. Solo cuando uno se detiene a contemplar, desde el recogimiento estético, las cosas revelan su belleza, su esencia aromática. Se compone de sedimentos temporales que fosforecen.

EL TIEMPO DE LOS ÁNGELES

¿Quién me oiría, si gritase yo, desde la esfera de los ángeles?
Y aunque uno de ellos me estrechase de pronto
contra su corazón, su existencia más fuerte me haría perecer.
Pues lo hermoso no es otra cosa que el comienzo
de lo terrible en un grado que todavía podemos soportar.
Todo ángel es terrible.

RAINER MARIA RILKE

El muy lamentado final de los grandes relatos es el final de la época épica, de la historia como *intrigue*, que dota de una trayectoria narrativa a los acontecimientos y, por medio de una relación, *crea* una significatividad. El final de la narración es, más que nada, una crisis temporal. Destruye cualquier gravitación temporal que pueda reunir el pasado y el futuro en el presente. Sin compilación temporal, el tiempo se desintegra. La posmodernidad no es una afirmación ingenuamente feliz del final de la época narrativa. Los representantes del posmodernismo más bien diseñan distintas estrategias del tiempo y del Ser para contrarrestar la desintegración del tiempo, la destemporalización *(Entzeitlichung)*. El mesianismo de Derrida también restaura una gravitación temporal sin regresar al viejo sistema de narración e identidad.

Se funda en un futuro mesiánico. Derrida no negaría que la vida humana necesita una *construcción*. La narración no es la única construcción posible de la temporalidad de la vida *(Lebenszeit)*.

El final de la narración *(das Ende des Erzählens)* no reduce necesariamente la vida a los meros números *(Zählen)*. Solo fuera de la narración *(Erzählung)*, de la intriga, que solo atiende al sentido y la inventiva, puede manifestarse una capa profunda de Ser, el propio *Ser*. El regreso *(Wendung)* al Ser de Heidegger también es una consecuencia de la crisis narrativa. Al fin y al cabo, no hay tanta diferencia entre contar historias o números. Narrar una historia *(Erzählen)* es un modo concreto de contar *(zählen)*. Construye una tensión, que dota de sentido a la sucesión de acontecimientos. Los enlaza más allá del mero recuento *(Zählen)*, lo que da lugar a una historia *(Geschichte)*. El Ser, sin embargo, no se abre ni en el número *(Zahl)* ni en el recuento *(Zählung)*, ni en la enumeración *(Aufzählung)* ni en la narración *(Erzählung)*.

Ante la crisis de *sentido*, también Lyotard emprende un regreso *(Wendung)* al Ser. Convierte el vacío de sentido narrativo en una experiencia particular del Ser. La diferencia entre el sentido y el Ser genera una *diferencia ontológica*. En la época de la narración y la historia, el Ser retrocede en favor del sentido. Pero cuando este recula en virtud de la desnarrativización, se anuncia el Ser. Los acontecimientos ya no remiten a su contenido de sentido narrativo *(narrative Sinngehalt)*, a su *qué (Was)*, sino al *que*

(Daß). Para Lyotard, *que suceda* no es ninguna tonte-
ría. Es más, hace referencia al propio acontecimiento
del Ser. En este regreso al Ser está cerca de Heidegger.
Del final de la narración espera un «aumento de Ser»
(l'accroissement d'être).[57]

El final de la narración tiene una consecuencia
temporal. Es el final del tiempo lineal. Los acontecimientos ya no se encadenan formando una historia.
El encadenamiento narrativo, que funda un sentido,
opera por medio de la selección. Fija con firmeza la
sucesión de los hechos. Una sucesión de frases indis-
tintas no genera ningún sentido, no construye una historia. El encadenamiento narrativo hace desaparecer
aquello que no pertenece al orden narrativo. En cierto
modo, la narración es ciega, puesto que solo mira en
una dirección. Siempre tiene un ángulo muerto.

Al romperse la cadena narrativa, el tiempo es ex-
pulsado de su trayectoria lineal. La desintegración
del tiempo lineal-narrativo no supone necesariamente una catástrofe. Lyotard también ve en ella la
posibilidad de una liberación. La percepción se libera de la cadena de la narración, de la compulsión
(Zwang) a la narración. Comienza a flotar, se mantiene en suspenso *(suspens)*. Entonces quedará libre
para los acontecimientos narrativos independientes,
para los acontecimientos en sentido pleno. Tendrá
acceso a cosas que antes, al no encontrar lugar en
la trayectoria narrativa, eran inexistentes. Estar flo-

57   J.-F. Lyotard, «La vanguardia y lo sublime», en *Lo inhumano, charlas sobre el tiempo*, Buenos Aires, Manantial, 1998, p. 97.

tando *(suspens)* va acompañado del «placer de [...] de acoger lo desconocido».[58]

«El ángel», así reza el breve epígrafe que Lyotard elige para su texto «El instante, Newman». Opera Lyotard una mistificación del tiempo con este misterioso acercamiento entre el ángel y el instante. Según él, el final de la narración no acaba con toda gravitación del tiempo. Más bien libera el «instante». No es un producto de la desintegración, ni una partícula de tiempo sobrante después de la descomposición del tiempo lineal. Sin embargo, le falta el sentido profundo *(Tiefsinn)*. Pero posee su profundidad de Ser *(Seinstiefe)*. Su profundidad solo sirve a la mera presencia del *ahí (Da)*. No re-presenta nada. Solo recuerda que «"hay algo ahí", antes de que lo que está ahí tenga ningún significado».[59] Todo su contenido es el *ahí (Da)*. El ángel de Lyotard no anuncia nada, no tiene nada que transmitir. Resplandece en su pura presencia.

El tiempo, en vez de expandirse en una trayectoria horizontal, adquiere profundidad vertical. El tiempo narrativo es un tiempo continuo en el que un acontecimiento anuncia desde sí mismo el siguiente. Los acontecimientos se suceden generando un sentido. Ahora esta continuidad temporal se quiebra. Surge un tiempo segmentado y discontinuo. Un acontecimiento ya no presenta en sí mismo ningún indicio de que habrá una continuidad, de que tras este, vendrá otro acontecimiento. No promete nada

58 *Ibíd.*
59 *Ibíd.*, p. 96.

más allá de su presencia instantánea. Surge un tiempo sin recuerdo ni esperanza. Todo su contenido se agota en su *ahí* desnudo.

Lyotard cita a Barnett Newman: «Mis cuadros no se aferran ni a la manipulación del espacio ni a la imagen, sino a una sensación de tiempo».[60] La *sensación* de tiempo *(sensation de temps)* no es una *conciencia* de tiempo. Le falta cualquier extensión temporal, que sería una capacidad constitutiva de la conciencia. Tiene lugar *antes* de la síntesis de la conciencia. No es un tiempo que *signifique (bedeutet),* sino un tiempo que afecta *(affiziert).* Se levanta como una «nube de afecto»[61] y vuelve a desvanecerse en la nada. El acontecimiento no es un *tema (Thema)* que pueda abordar la conciencia, sino un *trauma,* que no se puede integrar en la conciencia, que escapa completamente a su control o la deja sin fuerzas.

La respuesta de Lyotard a la desintegración del tiempo con *sentido (sinvoll)* no es el nihilismo habitual, sino un *animismo* particular. La sensación primaria no tiene ningún contenido que pudiera ser tematizado por la conciencia. Pero da vida al alma. La aleja de la muerte, de la letargia en la que cae cuando no está animándola:

El *anima* solo existe afectada. La sensación, amable o detestable, anuncia así al ánima que no sería en

60   J.-F. Lyotard, «El instante, Newman», en *Lo inhumano, charlas sobre el tiempo, op. cit.,* p. 92.
61   Íd., *Moralidades posmodernas, op. cit.,* p. 166.

absoluto, que permanecería inanimada, si nada le afectara. Esa alma no es más que el despertar de una afectabilidad, y esta queda desafectada a falta de un timbre, un color, un perfume, a falta del acontecimiento sensible que la excite.[62]

El alma, que cobra existencia gracias a la sensación primaria, es un *anima minima*, un alma sin *espíritu*, que no se comunica con la *materia*, un alma sin continuidad ni memoria, que escapa al psicoanálisis o a cualquier hermenéutica.

Según Lyotard, después del fin de la narración, el arte se vacía y se convierte en un arte de la pura presencia. Es «la promesa que hace el alma de escapar de la muerte».[63] Timbres, colores, perfumes serán vaciados del significado que les otorga la cultura. Desde la perspectiva de su significatividad cultural, el arte se fija en su carácter de acontecimiento. Su tarea consiste en dar testimonio de que ha acontecido algo: «El *aistheton* es un acontecimiento; el alma solo existe si este la estimula; cuando está ausente, ella se disipa en la nada de lo inanimado. Las obras tienen la misión de honrar esta condición milagrosa y precaria».[64] El alma debe su existencia al *aistheton*, al acontecimiento sensitivo. Sin *aistheton* solo hay anestesia. La estética es un antídoto contra la amenazante anestesia.

62 *Ibíd.*, p. 165.
63 *Ibíd.*, p. 167.
64 *Ibíd.*

Lyotard opina que el final de la época narrativa posibilita el acercamiento al «misterio del Ser»,[65] que tiene como consecuencia un «incremento del Ser». Pero deja demasiado de lado su dimensión nihilista. La desintegración del *continuum* temporal hace que la existencia sea de una fragilidad radical. El alma se enfrenta constantemente al peligro de la muerte, al miedo a la nada, porque al acontecimiento, que la aleja de la muerte, le falta todo tipo de duración. Los intervalos entre los acontecimientos son zonas de muerte. En este entretiempo carente de acontecimientos el alma se sume en el letargo. La alegría de ser se mezcla con el miedo a la muerte. La exaltación viene seguida de la depresión, una depresión ontológica.

La profundidad del Ser también es, a su vez, su pobreza absoluta. Al Ser le falta el *espacio para habitar*. En este punto, Lyotard se distingue radicalmente de Heidegger. El misterio del Ser de Lyotard solo se puede aplicar al mero Ser-ahí *(Da-sein)*. El *anima minima*, que forma parte del misterio del Ser, en último término es el alma de la mónada más simple, un alma vegetativa, que no dispone de ninguna conciencia ni espíritu. Solo conoce dos estados: espanto y euforia, miedo ante la amenaza de la muerte y alivio o alegría por haber escapado de nuevo de ella. No se puede hablar de alegría, puesto que esta es una capacidad de la conciencia. En Lyotard, este acontecimiento-tiempo segmentado en las profundidades del Ser no es el tiempo de la vida o del habitar. La

65   J.-F. Lyotard, «La vanguardia y lo sublime», *op. cit.*, p. 155.

vida es algo más que vegetar, algo más que estar meramente despierto. El final del tiempo narrativo no tiene por qué conducir necesariamente a un tiempo vegetativo. Hay un tiempo de la vida, que no es narrativo ni vegetativo, que no se funda en el tema ni el trauma.

RELOJ AROMÁTICO: UN BREVE
EXCURSO EN LA CHINA ANTIGUA

Las flores en la maceta emergen rojas,
el humo de incienso en volutas claras,
ni pregunta ni respuesta.
El ruyi[66] *atravesado en el suelo.*
Dian dejó morir el sonido de su cítara,
Zhao se abstiene de tocar el laúd:
hay en todo esto una melodía que se
puede cantar, ¡que se puede bailar!

Su Dongpo[67]

En China se usó el reloj de incienso, llamado *hsiang yin* («sello de aroma», literalmente), hasta finales del siglo XIX. Los europeos, hasta mediados del siglo XX, creyeron que se trataba de un incensario. Por lo visto, la posibilidad de medir el tiempo con incienso les resultaba completamente ajena, y quizá también la idea de que el tiempo pudiera adoptar la forma de un aroma.[68] El reloj se llama «sello de aroma» porque

---

66   *Ruyi*, literalmente «como desee». Se trata de un cetro muy adornado, que trae felicidad, longevidad y prosperidad. Sin embargo, también puede hacer referencia a un rascador de espalda.

67   En F. Jullien, *Über das Fade-Eine Eloge*, Berlín, 1999, p. 81.

68   Solo a partir de una documentación detallada de Silvio A. Bedini (comisario de la Division of Mechanical and Civil Engi-

la varilla de incienso dibujaba una figura con forma de sello. Tso Kuei dice lo siguiente sobre estos sellos de aroma: «Grabados en la madera, el dibujo de los caracteres en forma de sello se revela cuando el incienso que contienen se quema en fiestas o ante las imágenes de Buda».[69] El sello de incienso es una figura que surge de una cuerda continua, para que la ceniza puede esparcirse por completo. Una plantilla, que a menudo contiene un carácter escrito, se llena de incienso en polvo. Cuando se aparta, aparece un escrito en incienso. Puede tratarse de un único signo, que a menudo es *fu* («felicidad»), o de varios unidos, que pueden dar lugar a un *kôan*.[70] *How many lives before I obtain my flowers*.[71] Este es un misterioso ejemplo de un *kôan* procedente de un sello de incienso. Una flor en mitad del sello sustituye las palabras «my flowers». El propio sello tiene forma de flor de ciruelo. La ceniza dibuja el *kôan*-flor recorriendo el sello, símbolo por símbolo, es decir, quemándolo.

---

neering) llegaron a prestar atención en Occidente a esta práctica de la medida del tiempo propia del Lejano Oriente. Véase S.A. Bedini, «The Scent of Time. A Study of the Use of Fire and Incense for Time Measurement in Oriental Countries», en *Transactions of The American Philosophical Society*, vol. 53, parte 5., 1963. Es evidente que McLuhan conocía este documentado estudio. Véase M. McLuhan, *Understanding Media. The Extensions of Men*, Londres, 1964, p. 145 ss.

69   En S.A. Bedini, *The Trail of Time. Time measurement with incense in East Asia*, Cambridge, 1994, p. 103.

70   Un Kôan es un problema formulado de manera muy concisa, a menudo misteriosa, que los maestros zen planteaban a sus discípulos como ejercicio espiritual.

71   Veáse S.A. Bedini, *The Trail of Time, op. cit.*, figura 108.

En realidad, el nombre de todo el dispositivo del reloj de incienso, que está compuesto por varias piezas, es *hsiang yin*es. El sello-aromático de incienso arde en un recipiente muy ornamentado, con una tapa para protegerlo del viento y aberturas que dibujan caracteres escritos u otros símbolos. A menudo, el recipiente tiene grabados textos filosóficos o poéticos. El reloj entero está envuelto en palabras e imágenes aromáticas. Toda la carga de significación de los versos grabados emana un aroma. Un *hsiang yin*, con una apertura en forma de flor en la tapa, muestra el siguiente poema en uno de sus lados:

> *You see the flowers*
> *You listen to the bamboo*
> *And your heart will be at peace.*
> *Your problems will be cleared away.*
> *The ground burns*
> *Fragrant music*
> *You will have...*[72]

El incienso como medio *(Medium)* de medición del tiempo se distingue en muchos aspectos de otros como pueden ser el agua o la arena. El tiempo, que tiene aroma, no pasa o transcurre. Nada puede vaciarlo. El aroma del incienso más bien llena el espacio. Al dar un espacio *(verräumlichen)* al tiempo, le otorga la apariencia de una duración. La brasa transforma el incienso en cenizas incesantemente. Pero las ceni-

72   *Ibíd.*, figura 69.

zas no se convierten en polvo. Más bien conservan la forma de un carácter escrito. De este modo, el sello de incienso, una vez reducido a cenizas, no pierde en significado. El carácter transitorio, al que probablemente remite la brasa que avanza consumiéndose, da lugar a la sensación de la duración.

El *hsiang yin* emana un aroma real. El aroma del incienso intensifica el aroma del tiempo. De ahí la sofisticación de este reloj chino. El *hsiang yin* indica la hora en un fluido aromático de tiempo, que no pasa ni transcurre.

> I sit at peace – burning an incense seal,
> Which fills the room with scent of pine and cedar.
> When all the burning stops, a clear image is seen,
> Of the green moss upon the epigraph's carved words.[73]

El incienso llena el espacio con aroma de cedro y de pino. El aroma del espacio calma y libera al poeta. La ceniza tampoco remite al carácter transitorio. Es «el musgo verde», que saca a relucir el carácter escrito. El tiempo *se detiene* entre el aroma de pinos y cedros. En cierto modo, se erige en una «imagen clara». El marco de una figura hace que el tiempo no se escape. Se detiene, contenido en el aroma, en su momento vacilante. Las nubes de humo que nacen del incienso también se perciben en forma de figuras. Ting Yün escribe:

73   *Ibíd.*, p. 130.

Butterflies appear as if in a dream,
Twisting and reeling about like dragons,
Like birds, like the phoenix,
Like worms in spring, like snakes in the fall.[74]

La abundancia de figuras condensa el tiempo como en un cuadro. *El tiempo se transforma en espacio.* La sucesión espacial de la primavera y el otoño también contiene el tiempo. Este cobra una vida detenida *(Stilleben der Zeit).*

El poeta Ch'iao Chi ve la nube de humo del *hsiang yin* como una escritura antigua que le transmite un sentido profundo de la duración.

Like billowing silks, sinuous, cloud-tipped
Smoke has written ancient script,
From the last of the incense ash to burn.
There lingered warmth in my precious urn,
While moonlight had already died
In the garden pool outside.[75]

Se trata de un poema dedicado a la duración. La luz de la luna se ha apagado hace rato en el jardín del estanque, pero las cenizas no se han enfriado del todo. El incensario todavía emana calor, que se conserva. Este momento vacilante hace feliz al poeta.

El poeta chino Hsieh Chin (1260-1368) escribió sobre el humo ascendente del sello aromático:

---

74 *Ibíd.*, p. 121.
75 En S.A. Bedini, *The Trail of Time, op. cit.*, p. 136.

Smoke from an incense seal marks the passing
Of a fragrant afternoon.[76]

El poeta no lamenta que esa tarde agradable ya haya
quedado atrás, puesto que todo tiempo tiene su propio aroma. ¿Por qué debería lamentar que la tarde
haya pasado? Al aroma de la tarde le sigue la fragan-
cia del anochecer. Y la noche desprende su propio
aroma. Estos aromas del tiempo no son narrativos,
sino contemplativos. No se dividen en una sucesión.
Más bien descansan en sí mismos.

> *Cien flores en primavera, en otoño la luna;*
> *un viento fresco en verano, en invierno nieve.*
> *Cuando el espíritu no carga lo inútil,*
> *ese es un tiempo verdaderamente bueno para los hombres.*[77]

Cualquier espíritu que se *vacíe* de lo «inútil» tiene acceso a un tiempo bueno. *Vaciar* el espíritu, liberarlo
de los deseos, da profundidad al tiempo. Y esta última
vincula cada punto temporal con el *Ser entero*, con su
aroma imperecedero. El deseo hace que el tiempo sea
radicalmente efímero, empujando al espíritu hacia
adelante. Cuando se queda en *reposo*, cuando se recoge en sí mismo, aparece el *tiempo bueno*.

76   *Ibíd.*, p. 137.
77   Mumonkan, *Die Schranke ohne Tor. Meister Wu-men's
Sammlung der achtundvierzig Kôan*, Mainz ,1975, p. 85.

Aroma de pinos:
un lagarto se desliza veloz
por la piedra caliente

El tiempo recobrado se publicó en París en 1927. Ese mismo año apareció en Alemania *Ser y tiempo*, de Heiddegger. Hay muchas coincidencias entre estas dos obras que, a primera vista, parecen bastante distintas. *Ser y tiempo*, del mismo modo que el proyecto temporal de Proust, se rebela contra la progresiva disociación de la existencia humana, contra la desintegración del tiempo en una mera sucesión de presentes puntuales. Contrariamente a la pretensión de Heidegger, *Ser y tiempo* no presenta una fenomenología válida para cualquier época, sino que en realidad se trata de una obra producto de *su* tiempo. Hay una confusión entre los procesos específicos de la época y los atributos independientes del tiempo de la existencia humana. Heidegger atribuye de manera errónea la «destrucción del mundo circundante cotidiano» causada por la aceleración a la esencial «tendencia a la cercanía» del *Dasein*:

El *Dasein* es esencialmente des-alejador; por Ser el ente que es, hace que el ente comparezca viniendo a la cercanía. [...] *El Dasein tiene una tendencia esen-cial a la cercanía.* Todos los modos de aceleración de la velocidad, en los que en mayor o en menor grado estamos forzados hoy a participar, tienden a la supe-ración de la lejanía. Con la «radio», por ejemplo, el *Dasein* lleva a cabo hoy, por la vía de una ampliación y destrucción del mundo circundante cotidiano, una des-alejación del «mundo», cuyo sentido para el *Da-sein* no podemos apreciar aún en su integridad.[78]

¿Qué tiene que ver la «des-alejación» como modo de ser del *Dasein*, la cual me permite acceder a mi entorno espacial, con cualquier aceleración desatada que dirige la propia *superación (Aufhebung) del espa-cio*? No cabe duda de que Heidegger no se da cuenta de que la época de la radiofonía, o la «época de las prisas», se basa en fuerzas que superan en mucho cualquier «tendencia a la cercanía» del *Dasein*, aque-lla que hace posible cualquier orientación espacial. Un alejamiento-total *(Total-Entfernung)* del espacio es algo muy distinto del «des-alejamineto» *(Entfer-nung)* que da una existencia espacial al *Dasein*.

Los nuevos medios suprimen el espacio mismo. Los *hiperlinks* también borran caminos. El correo electrónico no cruza montañas y océanos. Y, para ser exactos, ya no es «lo a la mano». En vez de estar «a la mano» se dirige directamente a los ojos. La época de los nuevos medios es una época de implosión. El espacio y el tiempo hacen estallar el aquí y el aho-

78   M. Heidegger, *Ser y tiempo, op. cit.*, pp. 130 y 131.

ra. Todo se des-aleja. Ya no queda ningún espacio sagrado del cual no des-alejarse, es decir, espacios a cuya esencia pertenece un estar desocupado *(Ausgespartsein)*. Los espacios con aroma *escatiman* su aparición. Están habitados por una lejanía aurática. La mirada demorada, contemplativa, no des-aleja. En sus últimos escritos, incluso Heidegger se expresa contra el desmesurado des-alejamiento del mundo. De este modo, el origen es algo que «vacila en su retirada y se mantiene en reserva».[79] Se agota o se enajena. La cercanía al origen es, según Heidegger, una «cercanía que reserva».[80]

El «se» de Heidegger, que este generaliza como una constancia ontológica, en realidad es una aparición de *su* tiempo. En cierto modo, es un contemporáneo de Heidegger. La experiencia temporal del «se» se corresponde con el tiempo «cinematográfico», que según Proust caracteriza la «época de las prisas». El tiempo se ha desintegrado en una sucesión de presentes puntuales. El «se» está tan poco entregado «a la "cosa", que, apenas ha logrado la visión de esta, aparta de ella la mirada para echarla sobre la siguiente».[81] El «se» hace *zapping* por el mundo. De ahí que Heidegger hable de «desasosiego distraído» o de la «falta de paradero» *(Aufenthaltslosigkeit)*.[82]

Heidegger no tarda en detectar que el vacío va

---

79   Íd., *De camino al habla*, Barcelona, Serbal, 1987, p. 152.
80   Íd., *Aclaraciones sobre la poesía de Hölderlin*, Madrid, Alianza, 2005, p. 28.
81   Íd., *Ser y tiempo, op. cit.*, p. 363.
82   *Ibíd.*, p. 364.

aparejado con la aceleración del proceso de vida. En las lecciones de 1929/1930, afirma:

> ¿Por qué no encontramos para nosotros un significado, es decir, una posibilidad esencial del ser? ¿Por qué desde todas las cosas nos bosteza una *indiferencia* cuya esencia no conocemos? ¿Pero quién pretende hablar así, si el tráfico mundial, la técnica, la economía, arrebatan hacia sí al hombre y lo mantienen en movimiento?[83]

Heidegger achaca la prisa generalizada a la incapacidad de percibir el reposo, la lentitud y la perdurabilidad. En ausencia de la duración, la aceleración se impone como mero aumento cuantitativo para compensar la falta de duración, la falta de Ser: «La rapidez [...] el no resistir en la tranquilidad del oculto crecer [...] aumento puramente cuantitativo, la ceguera con respecto a lo verdaderamente instantáneo, no fugaz sino inaugurador de eternidad».[84]

La filosofía del tiempo de Heidegger está atada a *su* tiempo. En este sentido, sus críticas al tiempo, a la premura permanente, también se pueden aplicar a su época:

> ¿Por qué no tenemos tiempo? ¿En qué medida no queremos perder tiempo? Porque lo necesitamos y

---

83   M. Heidegger, *Conceptos fundamentales de metafísica. Mundo, finitud, soledad,* Madrid, Alianza, 2007, p. 109.

84   Íd., *Aportes a la filosofía*, Buenos Aires, Biblos, 2003, p. 110.

queremos emplearlo. ¿Para qué? Para nuestras ocupaciones cotidianas, de las que desde hace ya tiempo nos hemos vuelto esclavos [...] Al cabo, este no *tener-tiempo* es un *mayor perderse a sí mismo* que aquel desperdiciar el tiempo que se deja tiempo.[85]

Está invocando a lo «esencial de la existencia», que «no puede forzarse con ninguna actividad ni ninguna precipitación». La existencia «propia» es «lenta». Heidegger arremete explícitamente contra «lo moderno»,[86] que se caracteriza por el presente puntual y las discontinuidades. El «se», como fenómeno característico de la modernidad, solo capta la pequeña cuota de la actualidad. De ahí que se apremie de un presente a otro.

La desintegración del tiempo también afecta a la identidad del *Dasein*. Este está «disperso en la multiplicidad de lo que "pasa" diariamente».[87] Está «perdido» en la «presencia del hoy». De ahí que se pierda la continuidad misma. La época de las prisas es una época de «dispersión». Por eso se impone la necesidad de «recogerse primeramente desde la *dispersión* y la *inconexión*». La identidad narrativa, sin embargo, solo da lugar a una conexión. La estrategia identitaria de Heidegger aboga por un «extenderse originario, sin pér-

---

85 Íd,, *Conceptos fundamentales de metafísica, op. cit.*, p. 169.
86 Íd., *Ser y tiempo, op. cit.*, pp. 406 y 407: «Mientras está a la espera de la próxima novedad, ya ha olvidado lo antiguo [...] La existencia impropiamente histórica. [...] Busca, cargada con la herencia del pasado, lo moderno.»
87 *Ibíd.*, p. 405.

dida, innecesitado de concatenación, de la existencia entera»;[88] de hecho, «una continuidad extensa [...] en la que el *Dasein* en cuanto destino mantiene "incorporados", dentro de su existencia, tanto el nacimiento y la muerte, como su "entre"». Esta «extensión íntegra en forma de destino», de hecho, la *historia (Geschichte)*, es algo más que una narración creadora de una conexión. No es una imagen creada, sino un encuadre pre-narrativo, que incorpora «tanto el nacimiento y la muerte, como su "entre"». Con esta construcción narrativa de su identidad, el *Dasein* se cerciora de sí mismo. La estrategia identitaria y temporal de Heidegger es una respuesta a la crisis narrativa de su época. Formula una identidad, que todavía sería posible en la época de una des-narrativización generalizada.

Ser y tiempo expone una concepción determinada por su tiempo, en la que la pérdida de la significación histórica hace que el tiempo se desintegre en una sucesión cada vez más acelerada de acontecimientos aislados en sí mismos, que el tiempo, a falta de una gravitación o un anclaje en el sentido, se precipite sin rumbo ni sostén alguno. La estrategia temporal de Heidegger se basa en devolver al tiempo su anclaje, su significatividad, proveerlo de un nuevo sostén, volver a integrarlo en una trayectoria histórica, para que no se disperse en una sucesión de acontecimientos vacía de significado cada vez más acelerada. Frente a la amenaza del final de la historia, Heidegger invoca la historia con énfasis. Pero sabe muy bien que la fuerza

88   *Ibíd.*, p. 406.

de gravedad, la significación histórica, que debería enderezar el tiempo, no puede ser de naturaleza teológica o teleológica. De ahí que se decida por un concepto histórico existencial. Ahora la fuerza histórica brota del énfasis del sí-mismo. Heidegger ata el tiempo remitiendo el horizonte temporal al sí-mismo. La historia entendida como tiempo orientado *(gerichtetet)* protege al tiempo de la desintegración, de su dispersión en una mera sucesión de presentes puntuales. La «estabilidad del sí-mismo», esta esencia de la historicidad propia es la duración, que no pasa. No transcurre. Aquel que existe en forma propia siempre dispone de tiempo. Siempre tiene tiempo porque él mismo es tiempo. No pierde el tiempo, porque no se pierde: «Y así como el que existe en forma impropia pierde constantemente el tiempo y nunca "tiene tiempo", así también el carácter distintivo de la temporariedad propia es que esta existencia, en su resolución, nunca pierde el tiempo y que "siempre tiene tiempo"».[89] La falta de tiempo, en cambio, es un síntoma de la existencia impropia. El *Dasein*, en su forma de existencia impropia, pierde el tiempo, porque se pierde en el mundo: «Perdiéndose a sí mismo en sus múltiples quehaceres, el irresoluto pierde en ellos su tiempo. De ahí procede ese decir que le es tan característico: "No tengo tiempo para nada"». La estrategia temporal de Heidegger consiste, en última instancia, en transformar el «no tengo tiempo para nada» en un «siempre tengo tiempo». Es una estrategia de la duración, una tentativa de

89   *Ibíd.*, 425.

recuperar el *dominio perdido sobre el tiempo* a partir de una movilización existencial del sí-mismo.

En sus últimos escritos, Heidegger se aleja cada vez más del modelo temporal histórico. En lugar de la historia, aparecen fechas u otras figuras de la repetición:

> En el aire del camino de campo, que cambia según la estación, madura la sabia serenidad, con un mohín que, a menudo, parece melancólico [...]. En su senda se encuentran la tormenta de invierno y el día de la siega, coinciden lo vivaz y excitante de la primavera con lo quedo y feneciente del otoño, están frente a frente el juego de la juventud y la sabiduría de la vejez. Pero todo rebosa serenidad al unísono, cuyo eco el camino de campo lleva calladamente *de aquí para allá*.[90]

El «unísono silencioso» de décadas y el eco que perdura, renovándose «aquí y allá», sugieren una duración. El mundo es un espacio sonoro vibrante, en el que nada se pierde ni desaparece. El «juego recolector», que no abandona nada a la desaparición, a la dispersión, genera una duración plena: «En el frío de un día de otoño el fuego del verano se consuma en la serenidad. [...] La serenidad del frío otoñal, que abriga en sí al verano, detiene este camino de campo cada año con su juego recolector».[91]

90   M. Heidegger, *Camino de campo*, Barcelona, Herder, 2003, p. 41.
91   *Ibíd.*, p. 4.

Heidegger recurre una y otra vez a la figura del aquí y el allá. Es una contrafigura del tiempo histórico. Se podría decir que el tiempo se detiene. Se *origina* una duración. «Tiempo», el poema de Heidegger, reza así:

> ¿Hasta dónde?
> Cuando se encuentra, la hora,
> en la oscilación entre el aquí y el ahí,
> oyes: va y fue y ya
> no va.
> Cuando acaba el día, la hora,
> un pálido rastro hacia el tiempo,
> que, cerca de la finitud,
> surge de ella.[92]

El «aquí y allí» presenta la duración en un cambio cíclico. El «camino de campo» de Heidegger también está construido como si se tratara de un péndulo. *Camino de campo* comienza con las siguientes palabras: «Del portón del jardín sale hacia Ehnried». Hacia el final del escrito, se dice: «Desde el Enhried el camino regresa al portón del jardín». Su aquí y allí hacen del camino de bosque una figura de la repetición y la recolección *(Sammlung)*. No hay nada que pueda avanzar sin regresar. Todo *aquí* será recogido en un eco del *allí*. Este ir y venir también se refleja en los juegos de los niños:

---

92 M. Heidegger, *Aus der Erfahrung des Denkens*, p. 221.

Con la corteza de roble los muchachos construían sus barcos que, equipados con banco de remero y timón, flotaban en el estanco o en la fuente de la escuela. Los viajes por el mundo de los juegos aún alcanzaban fácilmente su *destino* y conseguían *regresar* siempre a la orilla.[93]

Nada se pierde en lo indeterminado. Nada está sometido al cambio. El camino de campo es un lugar silencioso de la repetición eterna. Todo permanece recogido: «El camino congrega todo lo que existe a su alrededor y a todo el que por él transita le aporta lo suyo». Todo lo que existe tiene una vigencia intemporal, un presente eterno. El aquí y allá del camino de campo *detiene* el mundo en «lo mismo». El mundo se *origina* en la oscilación entre el aquí y el allí. El camino de campo representa un mundo de la duración que oscila en sí mismo y no tiene ninguna frontera. Todo permanece bajo el sobrio resplandor de un orden abarcable. Nada escapa a la mirada ni al alcance de la mano de la madre: «Ojo y mano de la madre delimitaban su reino [de las cosas]. Como si su preocupación no dicha velase por todas las cosas».[94]

El camino de campo no se apresura hacia una *meta*. Más bien descansa en sí mismo, contemplativo. Ilustra una *via contemplativa*. El ir-y-venir lo libera de un objetivo sin sumirlo en una dispersión destructiva. Está habitado por un recogimiento *(Sammlung)*.

93 Íd., *Camino de campo, op. cit.*, p. 25.
94 *Ibíd.*

No sigue un transcurso, sino que se demora. Proporciona una duración al tiempo del trabajo, dirigido y espasmódico. Como lugar de demora contemplativa simboliza un habitar que no necesita ninguna una meta, ninguna finalidad, que se las arregla sin teología ni teleología alguna.

El mundo es una «danza en corro»[95] entre «tierra y cielo, los divinos y los mortales». La «danza en corro» también es una fórmula temporal, un eterno dar vueltas sobre sí. Evita cualquier dispersión espacio-temporal. Todo queda recogido en el «anillo» del mundo, en «el resplandor de su simplicidad». También el «cielo» es un dar vueltas sobre sí intempestivo, un eterno vaivén. Es «la marcha del sol, el curso de la Luna, el fulgor de los astros, las estaciones del año, la luz y el crepúsculo del día, la oscuridad y la claridad de la noche, la bondad y la inclemencia del tiempo, el paso de las nubes y la profundidad azul del éter». La construcción del mundo, de rigurosa simetría, a nivel temporal da la sensación de un tiempo detenido. La simetría del mundo, que sugiere un orden inamovible y permanente, se extiende a lo lingüístico. Heidegger la pone de manifiesto con figuras lingüísticas particulares. La filosofía de Heidegger no solo se compone de argumentos, sino también, con los problemas que eso supone, de versos. Las deliberadas estructuras sintácticas y las rimas dan la sensación, por ejemplo, de un orden vigente durante

95 M. Heidegger, *Conferencias y artículos*, Barcelona, Serbal, 1994, p. 157.

toda la eternidad. El orden del mundo, bello y simé-
trico, se invoca como una «cuaternidad» en uno de
los poemas, que, no por casualidad, consta de dos
estrofas de *cuatro* versos simétricos. El «resplandor
de su simplicidad» se consuma en el resplandor de
«la lluvia fluye/la bendición medita»:

> *Los bosques acampan.*
> *Los arroyos caen.*
> *Los canchales duran.*
> *La lluvia fluye.*
>
> *Las mieses esperan.*
> *Las fuentes manan.*
> *Los vientos moran.*
> *La bendición medita.*[96]

96   Íd., «Desde la experiencia del pensar», en *Cuadernos His-
panoamericanos*, 56, Madrid, vol. xx, 1954, pp. 178-180.

EL OLOR A MADERA DE ROBLE

¿Por qué nunca se inventó
un dios de la lentitud?

PETER HANDKE

La aceleración generalizada del proceso de vida priva al hombre de la capacidad contemplativa. De ahí que las cosas que solo se abren en un demorarse contemplativo permanezcan cerradas para este. La aceleración no es un acontecimiento primario, que solo a posteriori conduce a la pérdida de la *vita contemplativa*. La relación entre la aceleración y la pérdida de la *vita contemplativa* es mucho más compleja. La incapacidad de demorarse en la contemplación puede dar lugar a la fuerza motriz que conduzca a una prisa y una dispersión generalizadas. Al fin y al cabo, tanto la aceleración del proceso de vida como la pérdida de la capacidad contemplativa remiten a una constelación en la cual se ha perdido la creencia en que las cosas están ahí por sí mismas y así permanecerán eternamente en su modo de ser *(So-Sein)*. La pérdida de facticidad *(Defaktifizierung)* del mundo las deja sin brillo propio, sin peso propio y las degrada a objetos que se fabrican. Libres de los condicionantes espaciales y temporales, se fabrican y se producen.

La facticidad se retrae frente a la producción. El Ser se des-factualiza como proceso.

Heidegger ve el peligro de que la técnica moderna des-factualice el Ser en un proceso que se presta a ser dirigido y planificado. El Ser de Heidegger es la contrafigura del proceso. El *procedere* implica un cambio constante. El Ser, al contrario, no avanza. Más bien oscila en sí mismo y permanece «lo mismo». También ahí reside su facticidad: «Lo sencillo encierra el enigma de lo que permanece y es grande. Entra de improviso en el hombre y requiere una larga maduración. En lo imperceptible de lo que es siempre lo mismo oculta su bendición.»[97] El proceso avanza hacia una meta. Su teleología es funcional y hace que la aceleración tenga sentido. La eficiencia del proceso se mide en función de la rapidez en llegar a la meta. La aceleración es inherente a un proceso perfectamente funcional. El procesador, que solo conoce procesos de cálculo, se ve sometido a la presión de la aceleración. Se deja acelerar con mucho gusto, porque no tiene ninguna estructura de sentido, ningún ritmo propio, porque está reducido a la mera eficiencia funcional, que registra cualquier demora como una molestia. El ordenador no duda. El cálculo puro como *trabajo* está estructurado por una temporalidad que no deja lugar a la demora. Desde la óptica del *procedere*, la demora solo sería una paralización que debería eliminarse lo antes posible. La tranquilidad es, como mucho, una pausa y, desde el punto

97   M. Heidegger, *Camino de campo, op. cit.*, p. 31.

de vista del cálculo, no tiene ningún significado. En este sentido, Heidegger escribe: «Apresuramiento y sorpresa [...] Aquel hace un cálculo./Esta proviene de lo inesperado./Aquel sigue un plan./Esta visita la demora».[98]

La demora contemplativa presupone que las cosas duran. Es imposible demorarse con detenimiento ante una sucesión veloz de acontecimientos o imágenes. La «cosa» de Heidegger cumple con este requisito. Es un lugar de la duración. Resulta interesante que Heidegger utilice el verbo «permanecer» *(verweilen)* como transitivo también en el sentido de «reunir». El hombre puede permanecer en las cosas porque estas permanecen en las referencias del mundo que duran. El permanecer transitivo del mundo hace posible el permanecer intransitivo en las cosas: «La cosa hace cosa. Haciendo cosa hace permanecer tierra y cielo, los divinos y los mortales; haciendo permanecer, la cosa acerca unos a otros a los Cuatro en sus lejanías».[99] La tierra es «la entrañante (la que porta) que construye, la que fructifica alimentando, abrigando aguas y roquedos, vegetales y animales». El cielo «es la marcha del sol, el curso de la luna, el fulgor de los astros, las estaciones del año, la luz y el crepúsculo del día, la oscuridad y la claridad de la noche, la bondad y la inclemencia del tiempo, el paso de las nubes y la profundidad azul del éter». Estas coordenadas del mundo, que rigen eternamente y se

98 Íd., *Aus der Erfahrung des Denkens*, p. 153.
99 Íd., *Conferencias y artículos, op. cit.*, p. 131.

reflejan en las cosas, otorgan al habitar humano la «lentitud y constancia con la que crece el árbol».[100] La filosofía de Heidegger del arraigo *(Bodenständigkeit)* y de la tierra *(Heimat)* intenta estabilizar el suelo para la estancia *(Aufenthalt)* humana, que ya hace mucho que se tambalea y que incluso amenaza con desaparecer.

La cosa de Heidegger está completamente al margen del uso y del consumo. Es un lugar de demora contemplativa. Heidegger toma la jarra como ejemplo de cosa que hace posible la estancia en el mundo. No es casualidad que Heidegger elija la jarra como ejemplo de cosa. La jarra es, de hecho, un *recipiente.* Alberga un contenido para que algo no *se caiga o se derrame.* Heidegger se vale de las características *particulares* de la jarra para demostrar qué es la cosa *verdaderamente.*[101]

100   Íd., *Camino de campo, op. cit.*, p. 25.

101   El pensamiento de Heidegger resulta problemático en su elección de los ejemplos o de las particularidades lingüísticas, como pueden ser la rima, la pronunciación o la etimología. Desde esta perspectiva, su pensamiento se revela especialmente frágil y proclive a una deconstrucción. Al fin y al cabo, el ejemplo de la «jarra», en lo esencial, no resulta más apropiado que el de la vasija para ilustrar la teoría o la teología de la cosa. Solo en lo que se refiere a la pronunciación, la palabra jarra *(Krug)*, que tiene una vocal corta en el centro y acaba en consonante, remite a una unidad que le falta a la palabra vasija *(Kanne)*, que tiene una vocal abierta y, sobre todo, otra vocal al final. En virtud de su unidad *(Geschlossenheit)* la palabra jarra, realmente, contiene el aire. La etimología de *Kanne* (del latín *canna*, es decir, «canal») no sugiere, contrariamente a lo que sucede en el caso de *Krug*, ningún recipiente. La palabra más bien apunta al fluir y al transcurrir. La jarra, que suele ser más alta y estrecha que la vasija, también obra ejerciendo, no solo a ni-

Heidegger define el «habitar» como «la residencia [...] cabe las cosas».[102] También podría haber dicho: el demorarse cabe las cosas. Pero para residir es
necesario tener un paradero:

> Más esencial que todo establecimiento de reglas es
> que el hombre encuentre su estancia en la verdad del
> Ser. Esta estancia es la única que procura la expe-
> riencia de lo estable [...] En nuestro idioma «apoyo»
> *(Halt)* significa «protección» *(Hut)*. El ser es la pro-
> tección que resguarda a los hombres de tal manera
> en su esencia ex-istente en lo relativo a su verdad.[103]

Sin Ser, el hombre no encuentra apoyo ni protección.
Solo un apoyo puede *conducir* el tiempo, producir lo
estable. Sin apoyo, el tiempo se precipita, se genera
una ruptura temporal. Sin asidero, se despeña. La
aceleración remite a la falta de fundamento, de estancia, de sostén. La sucesión acelerada de fragmentos y acontecimientos como modo de proceder del
mundo actual es expresión de esta falta de apoyo. La
aceleración generalizada del mundo de la vida solo
es un síntoma que tiene una causa más profunda. La
desaceleración o las técnicas de relajación no pueden

---

vel lingüístico, sino también formal, más unidad. Así, expresiones
como *volle Kanne* (a toda máquina) hacen que la palabra no sea la
más idónea para ilustrar la calma contemplativa y la serenidad *(Gelassenheit)* que resulta esencial en la última filosofía de Heidegger.

102   M. Heidegger, *Conferencias y artículos, op. cit.*, p. 116.

103   Íd., *Carta sobre el humanismo*, Madrid, Alianza, 2006,
pp. 85 y 86.

detener la precipitación del tiempo. No eliminan su causa.

En realidad, el mundo se sustenta en gran parte en las cosas o el orden producido por el hombre. Pero el mundo de Heidegger es previo a cualquier intervención humana, ya está dado. Este ya estar dado anterior constituye su facticidad. Este es un don que escapa a cualquier acción humana. Es un mundo de repetición eterna. Mientras que la técnica moderna aleja cada vez más y a la vez los libera de cualquier imperativo, Heidegger insiste en el arraigo. Heidegger se muestra escéptico ante cualquier pérdida de facticidad, cualquier forma de producción a la que la humanidad debe, en última instancia, su supervivencia. Frente al proceso de manejo y fabricación en un mundo que ha perdido la facticidad, Heidegger invoca lo «irrealizable» o el «enigma».

Heidegger hace de la *conservatio* una estrategia temporal para crear una duración. Los hombres, según Heidegger, «están sujetos a su origen».[104] Solo «un largo origen» da lugar al «morar». La «vejez» es «sabiduría». De este modo se opone al presente reducido de la modernidad, en el que nada se transmite y todo envejece a gran velocidad. La «sabiduría» alude a la continuidad y la duración. En el mundo de Heidegger rige un orden inmutable, que se puede asumir, heredar, repetir. A la compulsión de lo nuevo se contrapone lo «siempre mismo».

---

104   Íd., *Camino de campo, op. cit.*, p. 37.

La facticidad se caracteriza por la pasividad, que sale a relucir en expresiones como «dejar-se-afectar», «estar arrojado» o «es llamado». La pasividad del «dejarse afectar» se opone a la actividad del proceder *(Vorgehen)*. Heidegger se vale de esta para combatir la pérdida de facticidad del mundo. La cosa de Heidegger también instala a los hombres en una pasividad, haciendo que se vean «concernidos por la cosa» *(Be-dingten)*. Cuando la cosa concierne al hombre este se detiene cabe las cosas. La cosa no es un producto sometido a un proceso de fabricación. Cobra autonomía frente a los hombres, una autoridad. Representa el peso del mundo, que el hombre debe asumir y al que debe adaptarse. Conforme a la cosa que condiciona, el hombre renuncia a erguirse en lo incondicionado.

Dios representa lo «irrealizable», que escapa a la intervención humana. Es lo incondicionado por antonomasia.[105] La pérdida de facticidad, la producción absoluta del mundo, hace que este se quede sin dioses. El tiempo de penuria es un tiempo sin dios. El hombre tiene un condicionante: permanece «mortal». El intento de acabar con la muerte sería un sacrilegio, un «entramado» humano. Y, a su vez, supondría acabar con Dios. Heidegger sigue siendo

---

105   En un artículo para un periódico que apareció inmediatamente después de la conferencia «Sobre la cosa», que Heidegger pronunció en Múnich el 15 de mayo de 1950, se llamaba la atención sobre lo siguiente: «A la espalda de Heidegger, colgaba de la pared un gran crucifijo románico. La perspectiva hacía que la mayoría de la gente que había en la sala viera a Heidegger a los pies de Cristo.»

un *homo doloris*, un pensador del dolor. Solo el *homo doloris* tendría acceso al aroma de la «eternidad». Quizá Heidegger diría que acabar con Dios supone el final del *anthropos*, que, dada la inmortalidad del hombre, debería reinventarse.

El «ser» de Heidegger tiene un aspecto temporal: «Demorar, perdurar, perpetuarse es sin embargo el antiguo sentido de la palabra ser».[106] Solo el ser da lugar al demorarse, porque está y permanece. La época de las prisas y la aceleración es, por tanto, una época del olvido del ser. También el «camino de campo» evoca constantemente la duración y la lentitud: «Detrás del campanario se eleva la torre de la iglesia de San Martín. Lentamente y como si vacilasen, se pierden en la noche las once campanadas».[107] Figuras temporales como la «vacilación», la «espera» o la «paciencia»[108] mantienen una relación positiva para

106   M. Heidegger, *La proposición del fundamento*, Barcelona, Serbal, 1991, p. 169.
107   Íd., *Camino de campo, op. cit.*, p. 45.
108   A pesar de las numerosas diferencias con Heidegger, Lévinas funda su metafísica del otro en una praxis temporal que también es característica del pensamiento heideggeriano. Hace referencia a las mismas figuras temporales: «La síntesis pasiva del tiempo, la paciencia, es espera sin término esperado, a la que confunden las esperas determinadas, satisfechas por lo que viene a la medida de una captación o de una comprensión. Pensamientos que piensan más que los pensamientos positivos y a los que, no obstante, se les quisiera sustituir, como si la paciencia y el tiempo constituyeran una determinada teología negativa, separada de su dios por la indiferencia». E. Lévinas, *De Dios que viene a la idea*, Caparrós, Madrid, 1995, p. 60. El otro, como aquello inaprensible que escapa a cualquier apropiación, a cualquier presencia, se establece temporalmente en el futuro: «El porvenir es lo inaprehensible, lo

crear aquello que escapa a todo presente disponible. No expresan un estado de deprivación. Expresan, mejor dicho, un *más del menos*. La espera no cuenta con algo concreto. Más bien señala la relación con lo que escapa a toda forma de cálculo. Tampoco la duda implica una irresolución. Es un modo de comportarse con todo aquello que escapa a un acceso resuelto. Se trata de «una corriente del sustraerse»[109] positiva. Está animada por «la lentitud del pudor frente a lo irrealizable». El pensador debe «ponerse en el tiro de esta corriente de aire», en vez de «ponerse a cobijo de un viento demasiado fuerte».

El «tiempo de penuria» no tiene aroma. Está privado de la duración, que crea lazos estables entre espacios temporales alejados. Heidegger se excede en el empleo de las expresiones «largo» o «lento». Los «futuros» son «los fundadores de la verdad, despaciosos y de larga escucha»,[110] que tienen el ánimo de «ir lentamente» y están atentos a «los lentos signos de lo que es incalculable»[111] en una «espera» que «se decide a la paciencia».[112] El «aroma de la madera de roble» ocupa el lugar del aroma de lo largo y lento. En el «camino de campo», que crea un «sentido»,

---

que cae sobre nosotros y nos sobrecoge. El porvenir es el otro. La relación con el porvenir es la relación misma con el otro» (E. Lévinas, *El tiempo y el otro*, Barcelona, Paidós, 1993, p. 30.)

109   M. Heidegger, *¿Qué significa pensar?*, Madrid, Trotta, 2005, p. 20.

110   Íd., *Aportes a la filosofía, op. cit.*, p. 317.

111   Íd., *¿Qué es metafísica?*, Madrid, Alianza, 2009, p. 59.

112   Íd., *Aclaraciones a la poesía de Hölderlin*, Madrid, Alianza, p. 145.

sopla el aroma de lo «eterno». El sentido de Heidegger es, en cualquier caso, ateológico, y tampoco tiene perspectiva *(aperspektivisch)*. No se guía por una meta o un objetivo que tendría que lograr. No tiene dirección. No se estructura narrativa ni linealmente. Se trata de un sentido circular, que ahonda en el ser. El pensamiento de Heidegger ejecuta con decisión el paso del sentido al Ser. La aceleración cobra sentido solo en virtud de una meta. Todo lo que, al contrario, se muestra sin dirección, todo lo que oscila en sí mismo o está pleno, es decir, todo lo que no es teología ni un proceso, no sucumbe a la presión de la aceleración.

El Dios de Heidegger protege lo «eterno», el «enigma de lo que permanece y es grande». El estar arrojado y la facticidad caracterizan la relación del hombre con Dios. El «hacer» humano vuelve «sordos» a los hombres ante el lenguaje de Dios. Estos sucumben al «ruido de los aparatos que, casi, tienen por la voz de Dios».[113] Dios aparece en cada «silencio», que surge cuando se apagan los aparatos técnicos. La época de los aparatos, que se acelera, arranca al mundo y las cosas de su propio tiempo. El pensamiento de Heidegger se posiciona, en última instancia, contra el cambio histórico que pasa de la repetición y la reproducción a la fabricación y la producción, del estar arrojado y la facticidad a la libertad y la autoafirmación. Dios es aquella instancia que imprime el sello de la vigencia eterna a una estructura de orden y

113   Íd., *Camino de campo, op. cit.*, p. 37.

sentido. Representa la repetición y la identidad. No hay un Dios del cambio y la diferencia. Él estabiliza el tiempo. La aceleración remite, al fin y al cabo, a la muerte de Dios. La pérdida de facticidad del mundo derivada de la fuerza humana tiene como consecuencia la destemporalización *(Entzeitlichung)*. Según Heidegger, solo cuando el mundo esté en su propio tiempo, en silencio, «el aliento del camino de campo» se hará audible como lenguaje de Dios. Solo cuando las cosas reposan en el «antiguo origen», Dios es Dios. A través del tiempo propio del mundo y de las cosas, Dios se revela como Dios de la lentitud, como Dios de la tierra *(Heimat)*.

El último Heidegger invoca un estado de transfiguración romántica del mundo arcaico-premoderno, cuya superación supone el progreso esencial del hombre. Frente al escepticismo que despierta su teología del «arraigo» y la tierra, deberíamos prestarle atención cuando se mueve hacia lo largo y lento. Hay acontecimientos, formas u oscilaciones, a los que solo se puede acceder a través de una prolongada mirada contemplativa, que, sin embargo, están vedados a la mirada trabajadora, ya que lo tenue, lo fugaz, lo discreto, lo pequeño, lo indeterminado o lo reducido se sustraen al poder del asimiento.

Heidegger está en camino hacia otro tiempo que no sea el del trabajo, un tiempo de perdurabilidad y sosiego, que da lugar al demorarse. Al fin y al cabo, el trabajo queda al margen de la soberanía *(Herrschaft)* y la incorporación. Aniquila la distancia a las cosas. La mirada contemplativa, en cambio, las embellece.

Les deja su propio espacio, permite que brillen por sí mismas. Es una praxis de la cordialidad *(Freundlichkeit)*. Las palabras de Heidegger van más allá de la sabiduría popular: «La renuncia no quita. La renuncia da. Da la fuerza inagotable de lo sencillo».[114] La mirada contemplativa se muestra ascética, al renunciar a la supresión de la distancia, a la incorporación. En este sentido, Adorno está cerca de Heidegger:

> La mirada de largo alcance [...] es siempre aquella en la que el impulso hacia el objeto queda detenido y sujeto a la reflexión. La contemplación exenta de violencia, de la que procede todo el gozo de la verdad, está sujeta a la condición de que el contemplador no se asimile al objeto.[115]

La mirada de largo alcance tiene lugar en una salvaguardia de la distancia a las cosas, sin perder, a su vez, la proximidad con estas. Su fórmula espacial es «la proximidad de la distancia».[116]

114 Íd., *Camino de campo*, p. 45.
115 T.W. Adorno, *Mínima moralia, op. cit.*, p. 88.
116 *Ibíd.*

EL ABURRIMIENTO PROFUNDO

Cuando nos olvidábamos de la fecha corriente:
esos sí que eran tiempos.
Eso sí que era tiempo.
Cuando los sueños eran un ir y venir
del infierno al cielo:
Eso sí que eran tiempos.

Peter Handke

En plena Revolución, en medio de los dramáticos acontecimientos que se precipitan, el Dantón de Büchner siente un profundo aburrimiento:

> Camilo: Date prisa, Dantón, no podemos perder el tiempo.
> Dantón *(se viste)*: Pero el tiempo nos pierde a noso-tros. Esto es muy aburrido, siempre la camisa primero y luego los pantalones encima y por la noche meterse en la cama y por la mañana volver a levan-tarse y poner siempre un pie así delante del otro, no hay ninguna perspectiva de que esto cambie.

El tiempo de la revolución, que tiene como sujeto al hombre decidido, paradójicamente, está sumido en un profundo aburrimiento. La apuesta del sujeto libre por un quehacer activo no genera ninguna energía relacional *(Bindungsenergie)*; aquella daría lugar a la experiencia del tiempo pleno. De ahí que Camilo sienta nostalgia de los tiempos pasados: «Las ideas fijas comunes que se llaman el sano juicio son insoportablemente aburridas. El hombre más feliz fue aquel que pudo creer que fuera Dios, Padre y Espíritu Santo».

El aburrimiento profundo no solo surge cuando se da un tiempo vacío de acontecimientos. El tiempo de la historia y de la revolución, que es rico en acontecimientos, pero que, sin embargo, está al margen de la duración y la repetición, es propenso al aburrimiento. La más mínima repetición se percibe como monotonía. El aburrimiento no es la imagen contraria de la acción decidida. Más bien hay un condicionamiento mutuo. La decisión de intervenir activamente ahonda el aburrimiento. El revolucionario Dantón se siente abandonado por el tiempo en un momento de acción intensa. La verdadera falta de tiempo no pasa por perderlo, sino que «el tiempo nos pierde a nosotros». El propio tiempo se vacía. No genera ninguna gravitación que conecte y reúna. El aburrimiento, al fin y al cabo, remite al *vacío del tiempo*. El tiempo ya no llena. La mera libertad del sujeto de acción no genera ninguna gravitación temporal. Si su impulso de acción no ocupa un objeto nuevo, se abre un intervalo vacío que aburre. El tiempo pleno no tiene por qué ser rico en acontecimientos y cambios. Es un tiempo de la duración. Aquí, la repetición no se percibe como tal. Solo después de la dispersión del tiempo queda tematizada y problematizada. De ahí que cualquier forma de repetición cotidiana irrite al revolucionario Dantón.

En su curso de 1929/1930, Heidegger se pregunta por el «temple de ánimo fundamental» que rige nuestra «situación actual».[117] En un principio, cree detectar un esmerado esfuerzo por una nueva auto-determinación. El «hombre actual» se afana por dotarse de un papel, un significado, un valor. Heidegger detecta, en este extraordinario esfuerzo por encontrarse, un significado, una señal de aburrimiento profundo: «¿Por qué no encontramos para nosotros un significado, es decir, una posibilidad esencial del ser? [...] *¿Sucede al cabo con nosotros que un aburrimiento profundo se mueve de un lado a otro en los abismos de la existencia como una niebla silente?*».[118] Para Heidegger, el aburrimiento profundo es *la* característica de la época actual. Se debe a que la existencia se sustrae a la totalidad. Este vaciamiento de la existencia deja un «vacío en conjunto».[119] El ser-ahí no encuentra ningún comportamiento significativo en la existencia. Se rinde a una total indiferencia. Nada capta su atención. Se le escapan todas «las posibilidades del obrar». En eso consiste la «necesidad en conjunto».[120] Allí donde la existencia se sustrae al conjunto, también se vacía el tiempo. El aburrimiento cambia radicalmente la percepción del tiempo:

117   M. Heidegger, *Conceptos fundamentales de metafísica*, *op. cit.*, p. 100.
118   *Ibíd.*, p. 109.
119   *Ibíd.*, p. 208.
120   *Ibíd.*, p. 209.

> Todo ente se nos sustrae sin excepción en atención a
> todo, todo lo que atendemos [...], en consideración
> a todo, todo ente que consideramos retrospectiva-
> mente como sido y hecho y pasado [...], todo ente en
> toda intención, aquello de lo que tenemos intención
> como algo futuro.[121]

Las tres dimensiones de la existencia, traducidas temporalmente, son: pasado (consideración), presente
(atención) y futuro (intencion). Cuando el *Dasein*
está sumido en el aburrimiento profundo no encuentra ninguna referencia temporal en la existencia. Pero
el sentido no es sino relación *(Bezug)*. De este modo,
el aburrimiento profundo se experimenta como un
vacío total de significado. Remite al vacío del tiempo.
Si no es posible una perspectiva temporal de la existencia, el tiempo se hace amorfo o se masifica. No
se puede dar ninguna articulación temporal que dé
sentido al tiempo.

El denegarse del ente en su conjunto, según Heidegger, también es un «decir». Este perderse de todas las «posibilidades del obrar» en el aburrimiento
profundo deja «despuntar» las posibilidades que «la
existencia podría tener, pero que justamente en este
"uno se aburre" yacen dormidas».[122] El «anunciar»
en el «denegar» es un «llamar» que exhorta al *Dasein*
a asirse a sí mismo categóricamente:

---

121 *Ibíd.*, p. 188.
122 *Ibíd.*, p. 183.

Pero el liberarse de la existencia solo sucede en cada caso cuando esta se resuelve para sí misma [...]. Sin embargo, mientras la existencia se halla en medio de lo ente, [...] la existencia solo puede resolverse [...] si se resuelve a actuar aquí y ahora [...] en estas posibilidades esenciales escogidas. Pero este resolverse de la existencia a sí misma [...] es el instante.[123]

El instante que alivia es la «mirada de un estar resuelto»,[124] la mirada de la existencia que actúa resueltamente «aquí y ahora». Heidegger cree que esta resolución heroica para actuar, en la que la existencia se aprehende a sí misma, tiene la fuerza suficiente para romper el hechizo del aburrimiento profundo. En las lecciones de 1929/1930, Heidegger sostiene que la resolución a actuar es capaz de eliminar el vacío del Ser, el vacío del tiempo. Todavía no ha llegado a comprender que el énfasis en el actuar, la resolución a actuar activamente, la libertad del *initium* es la responsable del vacío del tiempo, es decir, de que el tiempo ya no genere ninguna duración plena.

En las lecciones de 1929/1930, Heidegger expone que, en alemán, «tener mucho tiempo» *(lange Zeit haben)* significa «tener nostalgia» *(Heimweh haben)*, que el aburrimiento profundo da lugar a la nostalgia.[125] Pero Heidegger no va más allá de la hipotética proximidad entre aburrimiento y nostalgia. Y toda-

123 *Ibíd.*, p. 192.
124 *Ibíd.*, p. 193.
125 *Ibíd.*, p. 114.

vía no ha descubierto que la subjetividad del *Dasein* que actúa resueltamente no puede dar lugar a ninguna nostalgia, que esta supone el final de la nostalgia. Heidegger volverá a prestar atención a la proximidad entre el aburrimiento profundo y la nostalgia treinta años después:

> Ella [la tierra] sigue ahí y nos afecta, pero como la buscada. Porque seguramente se trata del talante predominante del aburrimiento profundo, tan poco atendido, que nos sume a todos nosotros en el pasatiempo, que lo desconocido, lo provocador, lo cautivador nos brinda a diario en lo foráneo. Aún más: seguramente, este aburrimiento profundo —en la figura de la búsqueda de un pasatiempo— es una inclinación oculta, inconfesada, marginada e inevitable a la tierra: la nostalgia escondida.[126]

El tiempo pierde duración, perdurabilidad y sosiego. Donde la atención no puede crear un lazo duradero, surgen intervalos vacíos, que deben ser franqueados con lo drástico y lo excitante. De ahí que el aburrimiento vaya de la mano con la «manía por lo sorprendente, lo que arrastra y "golpea"». La duración plena aleja «la intranquilidad del siempre ingenioso emprendimiento».[127] Heidegger ya no contrapone el aburrimiento profundo a la resolución del actuar.

126   M. Heidegger, *Ansprache zum Heimatabend. 700 Jahre Stadt Messkirch*, Messkirch, 1962, p. 13.
127   Íd., *Aportes a la filosofía*, Buenos Aires, Biblos, 2006, p. 110.

Ahora comprende que «la mirada de la resolución» es estrecha de miras para la perdurabilidad y el sosiego, para la duración aromática del tiempo, que hace posible a una subjetividad excedida el aburrimiento profundo, que ya no alude tanto al sí mismo, sino más bien al mundo, y no tanto al hacer, sino más bien a la demora que permite interrumpir el curso del aburrimiento.

El aburrimiento domina la brecha cada vez más grande entre el sujeto y el mundo, entre la libertad y la facticidad, entre el actuar y el Ser. El *Dasein* resuelto a actuar ya no conoce la sensación de estar rodeado o ser alcanzado. El «vértice» del «instante» como tiempo del sí mismo carece de la extensión y la longitud de la «tierra», el espacio para habitar y demorarse. La «tierra» de Heidegger se refiere al lugar que es accesible al sujeto de la acción, al que se confía y que siempre ha ocupado el sí mismo que actúa activamente. La resolución a actuar aleja al *Dasein* del lugar que se encuentra frente a la subjetividad. El aburrimiento profundo remite a esta pérdida.

El último Heidegger abandona el énfasis en el actuar y remite a otra relación con el mundo muy distinta, la llamada «serenidad» *(Gelassenheit)*, que es un movimiento contrario *(Gegenbewegung)* a la resolución del actuar, una contra-calma *(Gegenruhe)*.[128] La serenidad nos da la «posibilidad de estar en el mun-

128   Íd., *Feldweg-Gespräche*, Obras completas vol. 77, Frankfurt del Meno, 1995, p. 153.

do de un modo completamente distinto».[129] También los conceptos como «vacilación», «recato» o «retención» son formulaciones contra el énfasis del actuar. En última instancia, la responsable del aburrimiento profundo es una vida regida completamente por la resolución a actuar. Es la otra cara de la actividad excesiva, de la *vita activa*, que carece de cualquier forma de contemplación. El aburrimiento profundo solo llegará a su final cuando la *vita activa*, en su crítico final, integre en sí la vida contemplativa y vuelva a ponerse a su servicio.

---

129   Íd., *Serenidad*, Barcelona, Serbal, 2002, p. 27.

1. Una breve historia de las musas

> *Tenemos una cama, tenemos un hijo,*
> *¡esposa mía!*
> *También tenemos trabajo, incluso para los dos,*
> *y tenemos sol y lluvia y viento.*
> *Y solo nos falta una pequeña cosa*
> *para ser tan libres como los pájaros: solo tiempo.*

> RICHARD DEHMEL, *Der Arbeiter*

Se cuenta que Heidegger comenzó a una de sus lecciones de Aristóteles con las siguientes palabras: «Aristóteles nació, trabajó y murió».[130] Llama la atención que Heidegger defina la vida de Aristóteles como trabajo. En realidad, debía de ser consciente de que la vida de un filósofo como *bios theretikos* distaba mucho de ser trabajo. Aristóteles remite el filosofar como *theorein* al ocio *(skhole)*. El *skhole* griego no tiene mucho que ver con el «ocio» o el «tiempo libre» en el sentido actual. Es un estado de libertad, ajeno a la determinación y la necesidad, que no genera

---

130   H. Arendt y M. Heidegger, *Correspondencia 1925-1975*, Barcelona, Herder, 2000.

esfuerzos ni preocupaciones. El trabajo, en cambio, roba la libertad, puesto que está sujeto a las necesidades de la vida. A diferencia del ocio, no reposa en sí mismo, sino que está entregado a producir lo útil y necesario.

Aristóteles divide la vida en dos terrenos: el de la falta de ocio como ocupación *(a-skholia)* y el ocio *(skhole)*, es decir, el de la falta de tranquilidad y el de la tranquilidad. El trabajo como falta de tranquilidad, como falta de libertad debe someterse al ocio. En relación a la actividad, Aristóteles también sitúa lo bello y noble más allá de lo útil y lo necesario, más allá del trabajo.[131] Solo la necesidad obliga al trabajo, de ahí que sea necesario. El ocio, en cambio, abre un espacio sin necesidad ni preocupaciones, libre, al margen de las necesidades de la vida. La esencia del hombre, para Aristóteles, no sería el cuidado *(Sorge)*, sino el ocio. La calma contemplativa tiene primacía absoluta. Todas las actividades actúan en beneficio de esta calma y desembocan en ella. Aristóteles distingue tres tipos de vida *(bioi)* del hombre libre: la vida que aspira al placer *(hedone)*, la que lleva a cabo acciones bellas y nobles en la polis *(bios politikos)* y la que se dedica a la contemplación de la verdad *(bios theoretikos)*.[132] Todas ellas están libres de las necesidades y determinaciones de la vida. La vida consagrada a un oficio es digna de reproches por su carácter determinado. El *bio politikos* tampoco sirve para

---

131   Aristóteles, *Política*, 1333a.
132   Aristóteles, *Ética nicomaquea*, 1095b.

la organización de la vida en común, porque esta se refiere a cosas necesarias y prácticas. Aquel más bien aspira al honor y la virtud. También debe estudiar dibujo y pintura, porque ofrecen la posibilidad de contemplar la belleza corporal.[133] La mayor felicidad brota del demorarse contemplativo en la belleza, antiguamente llamada *theoria*. Su sentido temporal es la duración. Se ocupa de las cosas eternas e inmutables, que descansan en sí mismas. Ni la virtud ni la sabiduría, solo la entrega contemplativa a la verdad acerca al hombre a los dioses.

El trabajo está ligado a las necesidades de la vida. No es un fin en sí mismo, sino un medio, un medio de vida necesario que se ocupa de la necesidad. No es digno de un hombre libre. Si la necesidad obligara a trabajar a un hombre de origen noble, este, sin duda, lo ocultaría. El trabajo roba la libertad. El ocio es un estado desvinculado de cualquier preocupación, necesidad o impulso. Permite que el hombre aparezca como hombre. La comprensión antigua del ocio se basa en una concepción del ser que, para el hombre actual, para un mundo completamente absorbido por el trabajo, la eficiencia y la productividad, resulta inaccesible e incomprensible. La cultura antigua del ocio señala, vista en perspectiva, que es posible un mundo distinto al actual, un mundo en el que el rasgo fundamental de la existencia humana no sea el cuidado *(Sorge)* de Heidegger. El concepto de trabajo, que está en la base de la sentencia heideg-

---

133 Aristóteles, *Política*, 1338 b.

geriana sobre la vida de Aristóteles, surgió más tarde. Tiene sus raíces en el proyecto vital protestante, que es absolutamente ajeno a Aristóteles. Heidegger, de hecho, podría haber dicho: «Aristóteles nació, no trabajó y murió».

El ocio como *schola* está más allá del trabajo y la inactividad. Es una capacidad especial que debe ser educada. No es una práctica de «relajación» o de «desconexión». El ocio remite al pensar como *theorein*, como contemplación de la verdad.[134] San Agustín también distingue el ocio *(otium)* de la inacción pasiva: «En el ocio no le debe entretener y deleitar la ociosidad, sin entender en nada, sino la inquisición, o el llegar a alcanzar la verdad». «Al ocio loable» pertenece «el amor de la verdad».[135] La incapacidad de tener ocio es un signo de apatía. El ocio no tiene que ver con no hacer nada, sino que es más bien lo contrario. No está al servicio de la dispersión sino de la reunión. El demorarse requiere una recolección de sentido.

En la Edad Media, la *vita contemplativa* todavía gozaba de prioridad frente a la *vita activa*. Tomás de

---

134   Kant también distingue entre la «agudeza» *(acumen)*, la peculiar sensibilidad y refinamiento del espíritu, y el entendimiento *(Verstandestätigkeit)*, que se mueve en el terreno de las obligaciones. No se trata de un *trabajo* que responda al deber, sino de «una especie de lujo de la cabeza». (I. Kant, *Antropología en sentido pragmático*, p. 118). El espíritu no se agota en el trabajo y los negocios. Él mismo «florece» como la naturaleza, que «parece realizar en sus flores un juego, mas en sus frutos un negocio». Los conocimientos serían los frutos de un pensamiento juguetón sin dirección. La necesidad y el trabajo, por sí solos, no podrían dar lugar a esta.

135   San Agustín, *La ciudad de Dios*, 19, 19.

Aquino escribió lo siguiente en este sentido: «Vita contemplativa simpliciter melior est quam activa.» El conocido lema *ora et labora* no implica una preponderancia del trabajo frente a la contemplación. En la Edad Media, la *vita activa* todavía estaba muy embebida de la *vita contemplativa*. El trabajo cobra sentido a partir de la contemplación. El día comienza con rezos y con ellos acaba. Le dan ritmo al tiempo. Los días festivos tienen otro significado muy distinto. No son días libres del trabajo. Son un tiempo de oración y de ocio, y tienen su propio significado. El calendario medieval no es un mero contar de los días. En su fundamento subyace un relato, en el que los días festivos construyen estaciones narrativas. Son puntos fijos en el fluir del tiempo que anudan esta narrativa, para que no se escurra. Construyen fragmentos temporales, que dividen el tiempo y le dan ritmo. Funcionan como fragmentos de un relato. Hacen que el tiempo y su transcurrir cobren sentido. Un fragmento de un relato cierra una fase narrativa. La clausura provisional prepara la siguiente fase de la narración. Los fragmentos temporales son transiciones plenas de sentido dentro de un marco de tensión narrativa. El tiempo de la esperanza, el tiempo de la alegría y el tiempo de la despedida saltan del uno al otro.

Durante la Baja Edad Media empieza a cambiar la concepción del trabajo. En *Utopía*, Tomás Moro esboza un mundo en el que todos trabajan. Su diseño de la sociedad, revolucionario en lo social, busca superar las diferencias de nivel y hacer un reparto equitativo del trabajo. Cada persona trabajará seis horas al día. El tiempo libre se dedica a la «Utopía» del ocio y la contemplación. Aquí, el trabajo en sí no tiene ningún valor. Solo durante la Reforma el trabajo cobra un significado que va más allá de las necesidades vitales. Se relaciona con un sentido teológico, que lo legitima y valoriza. Lutero vincula el trabajo como empleo a la llamada de Dios a los hombres. Gracias al calvinismo, el trabajo cobra un sentido económico-salvador *(heilsökonomische)*. Un calvinista se enfrenta a la incertidumbre en relación al hecho de ser elegido o rechazado. De este modo, el individuo arrojado a sí mismo está dominado por un miedo, una preocupación constante por actuar. Solo el éxito en el trabajo se entiende como un signo de haber sido elegido. La preocupación por la salvación lo convierte en un trabajador. El trabajo incansable, sin embargo, no logra la salvación. Pero es el único medio de asegurarse el ser elegido y, por tanto, de mitigar el miedo.

En el calvinismo se enfatiza el actuar, una resolución a hacer: «El creyente virtuoso puede asegurarse su estado de gracia sintiéndose como recipiente o como instrumento del poder divino. Con respecto a la primera, la vida del hombre se inclinará hacia el ejercicio del sentimiento místico; en cuanto a la segunda, estará propensa al proceder ascético».[136] El calvinista se procura su salvación si actúa con reso-

136   M. Weber, *La ética protestante y el espíritu del capitalismo*, Madrid, Akal, p. 79.

lución. La *vita contemplativa* no acerca a su meta a aquel que aspira a la salvación, sino que lo hace la *vita activa*. La resolución a actuar, su preeminencia, hace que la *vita contemplativa* se revele como una contemplación inactiva reprochable.

El ascetismo intramundano del protestantismo relaciona el trabajo con la salvación. El trabajo aumenta la gloria de Dios. Es un objetivo vital. Max Weber cita al pietista Zinzendorf (1700-1760): «No se trabaja solo para vivir, sino que se vive por el trabajo, y si ya no se tiene que trabajar, o se sufre o se muere».[137] La pérdida de tiempo es el peor de los pecados. Dormir mucho también se considera innecesario. La economía temporal y la de la salvación se entrelazan. El calvinista Baxter, escribe:

> Keep up a high esteem of time and be every day more careful that you lose none of your time, then you are that you lose none of your gold and silver. And if vain recreation, dressings, feastings, idle talk, unprofitable company, or sleep, be any of them temptations to rob you of any of your time, accordingly heighten your watchfulness.[138]

Max Weber ve en el espíritu del protestantismo la prefiguración del capitalismo. Se manifiesta como un impulso a la acumulación, que lleva a la constitución del capital. El descanso en casa y el disfrute de la

---

137 *Ibíd.*, p. 230.
138 En inglés en el original.

riqueza son reprobables. Solo el afán ininterrumpido de beneficios puede ganarse el favor de Dios:

> El ascetismo protestante intramundano [...] dirigió toda su energía contra el disfrute natural de las propiedades, frenó el consumo y en especial el lujo. Por el contrario, descargó psicológicamente a la adquisición de bienes de los obstáculos de la ética tradicionalista, rompió las cadenas del afán de lucro al legalizarlo y considerarlo [...] querido por Dios.[139]

La secularización no comporta la desaparición de la economía de la salvación. Esta perdura en el capitalismo moderno. La codicia material no explica por sí sola los ingresos económicos, de funcionamiento casi irracional. El impulso a la acumulación se basa en un afán de salvación. Se invierte y se especula en aras a la salvación. Su contenido es variado. Junto al deseo, por medio de la acumulación infinita de dinero como tiempo que corre infinitamente y pone a disposición más tiempo que el tiempo limitado de la propia vida, el ansia de poder genera la inclinación al incremento y a la acumulación. Ya se habla de patrimonio. El aumento de patrimonio como capital también hace crecer las capacidades. Del mismo modo, en Marx el dinero es tan poderoso que actúa generando una pérdida de facticidad, superando el estar arrojado en pos de un estar proyectado. Se ge-

---

139   M. Weber, *La ética protestante y el espíritu del capitalismo, op. cit.*, p. 247.

nera una superación generalizada de lo fáctico dado. Asimismo se supera la fealdad:

> Lo que mediante el *dinero* es para mí, lo que puedo pagar, es decir, lo que el dinero puede comprar, eso *soy yo*, el poseedor del dinero mismo. Mi fuerza es tan grande como lo sea la fuerza del dinero. Las cualidades del dinero son mis —de su poseedor— cualidades y fuerzas esenciales. Lo que *soy* y lo que *puedo* no están determinados en modo alguno por mi individualidad. *Soy* feo, pero puedo comprarme la mujer más bella. Luego no soy *feo*, pues el efecto de la *fealdad*, su fuerza ahuyentadora, es aniquilada por el dinero.[140]

La palabra «industria» proviene originalmente de la expresión latina *industria*, que significa «laboriosidad». El término inglés *industry* sigue manteniendo hoy en día el significado de «laboriosidad» y «actividad». *Industrial School* significa, más o menos, «correccional». La industrialización no solo supone la maquinización del mundo, sino también la disciplinación del hombre. No solo instala máquinas, sino también dispositivos que intentan optimizar los comportamientos humanos, incluso corporales, a nivel temporal y económico-laboral. Resulta significativo que un tratado de Philipp Peter Guden, del año 1768, lleve el título de *Polizey der Industrie, oder Abhand-*

---

140   K. Marx, *Manuscritos filosófico-económicos*, Buenos Aires, Colihue, 2006, p. 181.

lung von den Mitteln, den Fleiss der Einwohner zu er-muntern [Policía de la industria o tratado para animar los medios y la laboriosidad de los ciudadanos]. La industrialización como maquinización acerca el tiempo humano al tiempo de las máquinas. El dispositivo industrial es un imperativo económico-temporal, que forma al hombre de acuerdo al ritmo de las máquinas. Iguala la vida humana al proceso de trabajo y al funcionamiento de las máquinas. La vida guiada por el trabajo es una *vita activa*, que está absolutamente apartada de la *vita contemplativa*. Si el hombre pierde toda capacidad contemplativa se rebaja a *animal laborans*. La vida que se equipara al proceso de trabajo de las máquinas solo conoce pausas, entretiempos libres de trabajo que sirven para recuperarse del mismo, para poder ponerse otra vez a disposición del proceso de trabajo. De ahí que la «relajación» o «desconexión» no supongan ningún contrapeso al trabajo. También están involucradas en el proceso de trabajo, puesto que, ante todo, sirven para recuperar la capacidad laboral.

La llamada sociedad del tiempo libre y del consumo no comporta, en relación al trabajo, ningún cambio sustancial. No es ajena al imperativo del trabajo. El impulso ya no procede de las necesidades de la vida, sino del propio trabajo. Hannah Arendt supone, de manera equivocada, que el Telos de la sociedad del trabajo consiste en liberar a la humanidad de las cadenas de las necesidades de la vida.[141] En

---

141   H. Arendt, *La condición humana, op. cit.*, p. 21.

realidad, la sociedad del trabajo es una sociedad en la que el trabajo en sí está separado de las necesidades de la vida, se ha independizado y se ha convertido en un fin en sí mismo absoluto. El trabajo se totaliza de tal modo que, más allá del tiempo laboral, solo queda matar el tiempo. La totalización del trabajo anula otras formas y proyectos de vida. Empuja al propio espíritu al trabajo. El «trabajo del espíritu» se impone como fórmula obligatoria. Sería una contradicción que el *espíritu* trabajara.

La sociedad del consumo y del tiempo libre presenta una temporalidad particular. El tiempo sobrante, que se debe a un aumento de la productividad, se llena con acontecimientos y vivencias superficiales y fugaces. Puesto que nada ata al tiempo de manera duradera, parece que este transcurre muy deprisa o de que todo se acelera. El consumo y la duración se contradicen. Los bienes no duran. Llevan inscrita la caducidad como elemento constitutivo. El ciclo de aparición y desaparición de las cosas es cada vez más breve. El imperativo capitalista del crecimiento lleva consigo que las cosas se produzcan y se consuman en un lapso de tiempo cada vez más corto. La presión del consumo es inmanente al sistema de producción. El crecimiento económico depende del consumo y el uso vertiginoso de las cosas. La economía basada en el consumo sucumbiría si de pronto la gente empezara a embellecer las cosas, a protegerlas frente a la caducidad, a ayudarlas a lograr una duración.

En la sociedad del consumo se pierde el demorarse. Los objetos de consumo no dan lugar a ninguna contemplación. Se usan y se consumen lo más rápido posible, para dejar lugar a nuevos productos y necesidades. La demora contemplativa presupone que las cosas tienen una duración. La presión del consumo, sin embargo, suprime la duración. Tampoco la llamada desaceleración crea una duración. En lo que se refiere a la actitud de consumo, el *slow food* no se diferencia en nada sustancial del *fast food*. Las cosas se siguen consumiendo. La mera reducción de la velocidad no transforma el ser de las cosas. El problema es que la duración, la perdurabilidad y el sosiego amenazan con desaparecer completamente o se alejan de la vida. El Heidegger *tardío* contrapone la «vacilación», la «serenidad», el «recato», la «espera» o la «retención», que son formas de ser de la *vita contemplativa*, a la «necedad del trabajo».[142] Todas ellas remiten a una experiencia de la duración. El tiempo del trabajo, el tiempo como trabajo, no tiene duración. Consume el tiempo produciendo. La perdurabilidad y el sosiego rehuyen el uso y el consumo. Crean una duración. La *vita contemplativa* es una praxis de la duración. Genera otro tiempo al interrumpir el tiempo del trabajo.

142 M. Heidegger, *Camino de Campo, op. cit.*, p. 41.

2. Dialéctica del amo y el esclavo

«Y escribe sin miedo:
¡En el principio
fue la acción! Pero no te olvides de
de poner el acento donde corresponde:
En el principio fue la acción, pues
todo desarrollo elevado va de la
voluntad a la pereza.

Georg Simmel

La transfiguración del trabajo, que en la época moderna se convierte en una absolutización del trabajo, que conduce a su glorificación, es un fenómeno de gran complejidad. No solo está condicionado religiosamente sino también por el poder económico. La sociología de la religión de Max Weber pasa por alto la dimensión lógica de su poder. La relación causal y la reciprocidad entre trabajo, capital, poder, dominación y redención es muy intrincada. La economía de la salvación y el poder económico están entrelazados.

Desde la perspectiva del poder económico, la totalización del trabajo se puede describir como una consecuencia de la dialéctica del amo y el esclavo, aunque habría que explicarla desde una óptica muy distinta a la hegeliana. Como es sabido, en la dialéctica del amo y el esclavo, Hegel expresa una lucha a vida o muerte cuyo resultado es que uno de los dos acaba convirtiéndose en un esclavo que *trabaja* para el otro en tanto amo. Según Hegel, el miedo a la muerte lleva al futuro esclavo a someterse al otro. Prefiere el sometimiento a la muerte. Se aferra a la vida con furor, mientras que el amo ansía algo más que la mera vida. Aspira al poder y la libertad. En contraposición al esclavo, no erige a la mera vida en absoluto, sino a su yo *(Selbst)*. Se totaliza a sí mismo al negar al otro por completo. El otro, que ahora es su esclavo, no reduce su sí mismo ni su poder, puesto que ha quedado bajo su dominación. El amo se prolonga en el esclavo. Este renuncia a sí mismo por el ser del amo. De modo que el amo se siente plenamente él mismo en el esclavo. Esta continuidad del sí mismo constituye el poder y la libertad del amo.

La dialéctica del trabajo como dialéctica del poder se basa en que el esclavo, que lleva a cabo un trabajo forzado en pos de la mera supervivencia, también se encuentre a sí mismo y llegue a una idea de libertad por medio de este trabajo. En el trabajo como fabricación de cosas, al darles forma, el esclavo imprime el carácter de su yo a la naturaleza. Las cosas fabricadas contienen su propia figura. De este modo se perpetúa en las cosas. Se somete a la naturaleza, que en un primer momento se presenta como resistencia. Supera esta resistencia al apoderarse de su naturaleza. El trabajo permite que el esclavo se haga una representación del poder y la libertad, que se distinguen de la vida desnuda, en favor de la cual él se había sometido al otro. El trabajo le da «forma». Es el *medium* para la configuración de su conciencia. Le hace libre. Le transmite una *idea* de libertad, que hace *realidad* durante el transcurso de la historia, por medio de la lucha de clases que ya no puede evitar.

La dialéctica de Hegel del amo y el esclavo lo contempla todo desde la única perspectiva del poder y la subjetividad. Ese es su punto débil fundamental. También la relación con las cosas se define únicamente por el poder. Por medio de su trabajo, el esclavo fortalece el ser propio de las cosas. Acaba con la resistencia de estas. El amo será el que consuma y disfrute las cosas elaboradas por él. Tanto para el amo como para el esclavo la relación con las cosas pasa por la *negación*. No solo el trabajo, sino también el consumo, *niegan* el ser autónomo. La dialéctica del amo y el esclavo de Hegel como dialéctica del poder dejan de lado un aspecto muy importante del trabajo. El esclavo, al esforzarse en el trabajo que lo enfrenta a la resistencia de las cosas, hace posible que el amo entable una relación distinta con estas, que no pasa por la dominación ni la elaboración. Entiende que el poder o la negación no son la única relación posible con las cosas.

En Hegel, el trabajo ocupa un lugar central. El espíritu avanza no a través del «reconocimiento divino» o el «juego», sino del «trabajo de la negación».[143] También Kojève, en su interpretación marxista de la dialéctica hegeliana del amo y del esclavo, entiende el trabajo como *medium* principal para la formación de la historia: «La educación creadora del hombre a través del trabajo (la formación) crea la historia, es

---

143   G.W. Hegel, *Fenomenología del espíritu*, México, FCE, 1971, p. 16.

decir, el tiempo humano. El trabajo es tiempo».[144] No hay un tiempo que no sea trabajo. El trabajo *es* tiempo. El trabajo configura la conciencia y hace avanzar a la historia. La historia llega a su fin en el instante en que desaparece la oposición entre amo y esclavo.[145] El trabajo es el agente de la historia. De este modo el esclavo trabajador se erige en el único sujeto del progreso histórico. El amo, en cambio, se entumece, como consecuencia, en una conformidad consigo mismo, inactiva e improductiva. El esclavo es el único sujeto activo de la historia, y, por ello, el desarrollo de la historia depende únicamente de él. Sigue siendo un *trabajador* en todos los grados del desarrollo. En ningún momento de la historia el trabajo se supera a sí mismo. A la vez queda ilimitado. Se presenta como un *dispositivo* que está marcado a nivel moral, económico o religioso. Al esclavo trabajador lo ponen en marcha con un objetivo determinado, para invertir la relación de poder a su favor. Su ascenso prosigue hasta convertirse en un dispositivo social dominante. La sociedad, en la que la historia llega a su final, es, por tanto, una sociedad del trabajo, en la que todos trabajan y solo trabajan. La totalización del trabajo conlleva que, con el final de la historia, *todos* se conviertan en trabajadores.

Aristóteles distingue tres tipos de vida que puede elegir un hombre *libre*. La forma de vida más alta es la

144 A. Kojève, *Hegel. Eine Vergegenwärtigung seines Denkens*, Frankfurt del Meno, 1975, p. 71.
145 *Ibíd.*, p. 61.

bios theoretikos, una vida que se dedica a la contemplación. El amo, como hombre libre, al dejar todo el trabajo en manos del esclavo, no llega a reconciliarse con la resistencia de las cosas. Esta libertad le permite mantener una relación muy distinta con el mundo, que no está condicionada por el trabajo, es decir, por la elaboración y la dominación. La relación contemplativa con las cosas presupone estar liberado del trabajo. Interrumpe el tiempo, que es trabajo. Para Aristóteles, en este sentido, la *vita contemplativa* es divina, ya que es ajena a cualquier impulso e interés.

En lo que se refiere a la totalización del trabajo, Marx sigue a Hegel. Según Marx, no es el pensamiento sino el trabajo aquello que distingue al hombre del animal. No es un *animal rationale*, sino un *animal laborans*. El hombre es trabajo. Marx también interpreta la *Fenomenología del espíritu* desde la perspectiva del trabajo:

> Lo grandioso de la *Fenomenología* hegeliana y de su resultado final (la dialéctica de la negatividad como principio motor y generador) es, pues, en primer lugar, que Hegel [...] capta la esencia del *trabajo* y concibe el hombre objetivo, verdadero porque real, como resultado de su *propio trabajo*. Hegel se coloca en el punto de vista de la Economía Política moderna. Concibe el *trabajo* como la *esencia* del hombre, que se prueba a sí misma.[146]

---

146   K. Marx, *Manuscritos económico-filosóficos, op. cit.*, p. 193.

Marx también podría haber dicho: el espíritu es trabajo. El espíritu de Hegel, como su esclavo, está sometido a la compulsión al trabajo. No tiene ocio ni hay contemplación. El dispositivo del trabajo alberga el propio pensamiento y se presenta como un dispositivo de pensamiento. Puesto que, originariamente, cumple la función de dominar las cosas, el pensamiento del *trabajador* sigue siendo un pensamiento dominante.

El esclavo se libera del dominio del amo, pero paga un precio: convertirse en un esclavo del trabajo. El dispositivo del trabajo lo abarca todo, tanto al amo como al esclavo. De este modo, surge una sociedad del trabajo en la que *todos* son esclavos del trabajo, una sociedad de la actividad. Todo tiene que ser trabajo. No hay ningún tiempo que no sea trabajo. El dispositivo del trabajo hace que *el propio tiempo trabaje*. El trabajo reclama todas las fuerzas y actividades para sí. Se presenta como un *único* hacer. Puesto que todas las energías de acción están absorbidas por el trabajo, el tiempo libre del trabajo solo da lugar a un mantenimiento pasivo, en el que uno se recupera del trabajo para poder volver a trabajar con las fuerzas nuevamente renovadas.

En última instancia, la sociedad del trabajo es una sociedad compulsiva. El trabajo *no* hace libre. El dispositivo del trabajo crea una nueva servidumbre. La dialéctica de Hegel del amo y el esclavo como dialéctica de la libertad no da lugar a una sociedad libre al quedar la conciencia dominada por el dispositivo del trabajo. Hegel no pensó hasta el final la historia de formación de la conciencia, que es dialéctica. La conciencia solo es completamente libre cuando también está liberada del imperativo del trabajo. Este hace que las formas de vida del hombre libre, es decir, las formas del ocio *(skhole)* desaparezcan por completo. Se generaliza la actividad como falta de ocio *(a-skholia)*, la cual, según Aristóteles, debería quedar del todo subordinada al ocio *(skholia)*. Hoy en día la relación entre ocio *(skholia)* y falta de ocio *(askholia)* se ha invertido por completo. Hoy, el ocio es un tiempo de recuperación o de relajación necesario para el trabajo como actividad.

La historia, que según Hegel es una historia de libertad, no se completará mientras uno siga siendo un esclavo del trabajo. El dominio del trabajo esclaviza. La oposición entre amo y esclavo no puede superarse haciendo que *todos* se conviertan en esclavo del trabajo Solo será posible cuando el esclavo se transforme en un hombre *libre*. La *vita activa* sigue siendo una fórmula opresora siempre y cuando no integre en sí la *vita contemplativa*. La *vita activa*, que elude todo momento contemplativo, se vacía hasta convertirse en una actividad pura que lleva a las prisas y la inquietud. Según Simmel, la historia no concluye en una sociedad de «plena actividad» sino en una sociedad del *ocio*:

Cada juego de las fuerzas cósmicas regido por la ley de la conservación de la energía aspira a un punto final: en algún momento, así nos lo explican nuestros investigadores, todas las diferencias de temperatura del mundo entero quedarán igualadas, todos los átomos lograrán el equilibrio y la energía se repartirá ecuánimemente entre todo lo existente. Entonces lo secular del movimiento llegará a su fin y dará comienzo el reino eterno de la pereza cósmica. Esta es la última meta, autoimpuesta, dentro del orden de las cosas terrenales, y que el hombre pueda hacerlo realidad de manera anticipada es lo más alto y digno, convirtiéndose en sus horas más perezosas en el sentido más positivo en el microcosmos, porque el último objetivo del desarrollo del cosmos se ha hecho en él espíritu, sentimiento y placer. Al interiorizar esto la filosofía, se ha llegado al *punto más alejado de su historia*, tras el cual no le queda más que callar para, después de haber cumplido por fin con su tarea, presentar por primera vez en sí misma el principio que ha reconocido como el absoluto del mundo.[147]

A pesar de que el trabajo ocupa un lugar central en Marx, su utopía no consiste en una glorificación del mismo. De vez en cuando plantea una liberación del trabajo: «El tiempo libre —que tanto es tiempo para el ocio como tiempo para las actividades superiores— ha transformado a su poseedor, naturalmente, en otro sujeto, el cual entra entonces también, en cuanto ese otro sujeto, en el proceso inmediato de la

---

147   G. Simmel, «Metaphysik der Faulheit», en *Jugend. Münchener illustrierte Wochenschrift für Kunst und Leben*, 20, año 5. (Cursiva del autor.)

producción».[148] Una de las ideas centrales de Hegel es que el trabajo no solo transforma el mundo, sino también al sujeto trabajador. De este modo, el trabajo ayuda al esclavo a acceder a una conciencia superior que lo eleva por encima de la vida animal. Sin embargo, visto el sobrepeso del trabajo, que Marx eleva a esencia del hombre,[149] es muy dudoso que este pueda transformarse realmente en «otro sujeto», capaz de tener un tiempo *libre* que ya no fuera un *tiempo del trabajo*.

El sujeto marxista, debido a su origen, sigue siendo un sujeto trabajador. Aun cuando no trabaje, no es capaz de hacer una actividad muy distinta. Más allá del trabajo, es más que nada un consumidor. El trabajador y el consumidor están relacionados. Consumen el tiempo. No tienen ningún acceso a la *vita contemplativa*. Arendt también ve una gran contradicción en que Marx «en todas las fases de su obra define al hombre como *animal laborans* y luego lo lleva a una sociedad en que su mayor y más humana fuerza ya no es necesaria».[150] Se podría sostener, frente a Arendt, que Marx distingue entre el trabajo alienado y el trabajo libre, que la liberación del trabajo solo sirve en relación al trabajo alienado. Pero un trabajo como tal solo da lugar a una relación muy li-

---

148   K. Marx, *Elementos fundamentales para la crítica de la economía política*, México, Siglo XXI, 2006, p. 236.

149   En *La ideología alemana*, escribe: «Los hombres mismos comienzan a ver la diferencia entre ellos y los animales tan pronto comienzan a producir sus medios de vida.»

150   H. Arendt, *La condición humana*, *op. cit.*, p. 116.

mitada consigo mismo y con el mundo. El sujeto formado en o por el trabajo no accede a otra percepción del mundo incluso en el tiempo libre del trabajo.

La producción y el consumo como única actividad posible del sujeto trabajador se contraponen a la demora contemplativa en las cosas. La sociedad actual es una prueba de que el hombre, convertido por completo en un sujeto trabajador, no es capaz de tener un tiempo *libre* que no sea un tiempo de trabajo. La creciente productividad crea, sin embargo, cada vez más libertad. Pero esta no se usa para una actividad superior ni para el ocio. Más bien sirve para recuperarse del trabajo o del consumo. El *animal laborans* solo conoce las pausas, pero no la *tranquilidad contemplativa*. La dialéctica del amo y el esclavo como dialéctica de la libertad solo se consuma cuando supera el trabajo, cuando tiene presente *lo otro del trabajo*.

3. *Vita activa* o vida ocupada

Andante [...] el ritmo
de un espíritu apasionado y lento

Friedrich Nietzsche

En *La condición humana*, Hannah Arendt busca una rehabilitación, una revitalización de la «vida activa», que, según ella, sufre una atrofia creciente. Hace responsable de esta «degradación de la *vita activa*», de un modo un tanto problemático, a la preeminencia de la contemplación en la tradición grecocristiana. La supremacía de la *vita contemplativa* reduce todas las formas de la *vita activa* al nivel del trabajo útil y necesario:

> Mi argumento es sencillamente que el enorme peso de la contemplación en la jerarquía tradicional ha borrado las distinciones y articulaciones dentro de la *vita activa* y que, a pesar de las apariencias, esta condición no ha sufrido cambio esencial por la moderna ruptura con la tradición y la inversión final de su orden jerárquico en Marx y Nietzsche.[151]

Frente a esta nivelación de la *vita activa*, Arendt presenta sus distintos modos de aparición, una fenomenología de la *vita activa* guiada por el énfasis en el actuar de la vida resuelta.

Es un error creer que la primacía de la contemplación es la responsable de la degradación de la *vita activa* en trabajo. Más bien cabe suponer que el hacer humano, al perder su dimensión contemplativa, se degrada a pura actividad y trabajo. Pero Arendt, equivocadamente, entiende la contemplación como una detención *(Stillegegung)* de todos los movimientos y actividades, como una tranquilidad pasiva, que hace que cualquier forma de la *vita activa* se presente como inquietud. Los mortales alcanzan la contem-

---

151   *Ibíd.*, p. 29. Arendt no ha advertido que Nietzsche también fue un genio de la contemplación.

plación «cuando todos los movimientos y actividades del hombre se hallan en perfecto descanso».[152] La falta de movimiento se refiere tanto al cuerpo como al alma: «Cualquier movimiento del cuerpo y del alma, así como del discurso y del razonamiento, han de cesar ante la verdad».[153] Arendt no reconoce que la *vita contemplativa* presenta una forma de quietud solo porque descansa en sí. Sin embargo, lo que descansa en sí no tiene por qué carecer de movimiento ni de actividad. También Dios descansa en sí. Pero Él es el acto puro *(actus purus)*. Aquí, en sí solo significa que no existe ninguna dependencia del exterior, que se es libre. En este sentido, Aristóteles describe claramente la vida contemplativa *(bios theoretikos)* como una vida activa. El pensar como *theoria* es, de hecho, una *energeia*, que significa literalmente «actividad de obra» o estar «en obra» *(en ergô einai)*. En este punto, Tomás también sigue a Aristóteles: «Los movimientos corpóreos externos se oponen al reposo de la contemplación, que consiste en estar ajeno a ocupaciones externas. Pero el movimiento que implican las operaciones de la inteligencia forma parte del mismo reposo».[154]

La rehabilitación de la *vita activa* de Arendt se dirige, sobre todo, al actuar. La carga de un énfasis heroico. Actuar significa empezar algo completamente nuevo. Sin la determinación a actuar, el hombre

---

152   *Ibíd.*, p., 28.
153   *Ibíd.*, p., 28.
154   Tomás de Aquino, *Summa theologica*, II, 2, 180, 6.

queda reducido a *homo laborans*. Nacer no es estar arrojado, sino poder actuar. El heroísmo de la acción de Arendt se convierte en mesiánico:

> El milagro que salva al mundo [...] es en último término el hecho de la natalidad, [...] la acción que son capaces de emprender los humanos por el hecho de haber nacido. [...] El nacimiento de nuevos hombres y un nuevo comienzo es la acción que son capaces de emprender los humanos por el hecho de haber nacido. [...] Esta fe y esperanza en el mundo encontró tal vez su más gloriosa y sucinta expresión en las pocas palabras que en los evangelios anuncian la gran alegría: «Nos ha nacido hoy un Salvador».[155]

La acción significa, en su traducción temporal, que el tiempo vuelva a empezar. Su esencia es la revolución. Este «interrumpe» el «inexorable curso automático de la vida cotidiana».[156] Desde la perspectiva del tiempo natural de la repetición, el nuevo comienzo es un «milagro». La acción es una genuina «facultad humana de hacer milagros».[157] Pero Arendt se equivoca al pensar que lo verdaderamente nuevo solo responde a la heroica decisión de un sujeto resuelto a la acción. Los acontecimientos que forman el mundo y la cultura, sin embargo, muy pocas veces remiten a una decisión consciente de un sujeto activo. Más

---

155 H. Arendt, *La condición humana, op. cit.*, p. 266.
156 *Ibíd.*, 265.
157 *Ibíd.*, p., 266.

bien, a menudo son producto del ocio, del juego des-interesado o la libre facultad de la imaginación.[158]

Arendt concibe su enfática idea de la acción fren-te al proceso histórico, en cuyo transcurso el hombre se degrada a *animal laborans*. En la modernidad, la vida humana, según su tesis, toma la forma de un proceso vital colectivo, que no deja espacio alguno para la acción individual. Del hombre solo se exige un funcionamiento automático,

> como si la vida individual se hubiera sumergido en el total proceso vital de la especie y la única decisión activa que se exigiera del individuo fuera soltar, por decirlo así, abandonar su individualidad, el aún indi-vidualmente sentido dolor y molestia de vivir, y con-formarse con un deslumbrante y «tranquilizado» tipo funcional de conducta.[159]

El trabajo inserta la vida individual en el proceso vi-tal de la especie, que se extiende más allá de la acción y las decisiones individuales.

Frente a la pasividad del *animal laborans*, Arendt invoca la acción. La vida activa se opone a la «pa-

---

158   Nietzsche también opina que el hombre de acción ca-rece de *vis creativa*. En uno de sus aforismo dice: «A él [el hombre superior], en su calidad de autor, le es propia, sin duda, *vis contem-plativa* y la mirada retrospectiva a su obra, pero al mismo tiempo, y primero, la *vis creativa*, la cual le falta a la persona que actúa, digan lo que digan el testimonio de los sentidos y la fe corriente». (F. Nietzsche, *La gaya ciencia*, op. cit., p. 290.)

159   H. Arendt, *La condición humana*, op. cit., p. 346.

sividad más mortal y estéril»,[160] que amenaza con convertirse en el final de la época moderna, que comenzó con una explosión de actividad humana muy prometedora. Pero a Arendt se le escapa que la pasividad del *animal laborans* no es lo contrario de la vida activa, sino que presenta su otra cara. Visto así, el énfasis en la vida activa, que Arendt vincula a la acción, no genera una contrafuerza contra la pasividad del *animal laborans,* puesto que el estar ocupado liga perfectamente con el proceso de vida colectivo de la especie. En el aforismo de Nietzsche titulado «El principal defecto de los hombres activos», se puede leer:

A los activos les falta habitualmente la actividad superior: me refiero a la individual. Son activos como funcionarios, comerciantes, eruditos, es decir, como seres genéricos, pero no como personas singulares y únicas enteramente determinadas; en este respecto son holgazanes. [...] Los activos ruedan como rueda la piedra, conforme a la estupidez de la mecánica.[161]

Arendt advierte que la vida moderna se aparta cada vez más de la *vita contemplativa*. Pero no prosigue la reflexión sobre este desarrollo. Según ella, la *vita contemplativa* es la única responsable de que todas las formas de expresión de la *vita activa*, sin distin-

160   *Ibíd.*, p. 347.
161   F. Nietzsche, *Humano, demasiado humano*, Madrid, Akal, 1996, Madrid, p. 179.

ción alguna, queden relegadas al mismo nivel de puro trabajo. Arendt no reconoce que el ajetreo y la inquietud de la vida moderna tienen mucho que ver con la pérdida de la capacidad contemplativa. La totalización de la *vita activa* también está implicada en la «pérdida de la experiencia» que la propia Arendt lamenta. La actividad pura empobrece la experiencia. Impone lo igual. Quien no logre detenerse no tiene acceso a algo verdaderamente distinto. Las experiencias transforman. Interrumpen la repetición de los siempre igual. Uno no se vuelve sensible a las experiencias estando cada vez más activo. En realidad, es necesaria cierta pasividad. Hay que dejarse afectar por aquello que escapa a la actividad del sujeto activo: «Hacer una experiencia con algo, sea una cosa, un hombre, un dios, significa que nos suceda, que nos ataña, que nos comprometa, nos trastorne y nos transforme».[162]

La relación de Arendt con el tiempo siempre está marcada por la dominación. El perdón como una forma significativa de acción es un «poder», que se basa en dar un nuevo comienzo al tiempo. Libera del pasado al sujeto de la acción, de la carga temporal que este quiere fijar para siempre.[163] La promesa permite predecir y pone al alcance el futuro, protegiéndolo de lo imprevisible. El perdón y la promesa permiten que el sujeto de la acción se apodere del tiempo. El

162   M. Heidegger, *De camino al habla*, Barcelona, Serbal, 1987, p. 143.
163   H. Arendt, *La condición humana, op. cit.*, p. 257.

poder de la acción establece un lazo profundo con otras formas de la *vita activa*, más en concreto, con producir y trabajar. El énfasis en la «intervención»[164] no solo tiene que ver con actuar, sino también con producir y trabajar.

El *Ser* no se abre en la actividad. La propia acción debe contener en sí momentos de interrupción para no quedar petrificada en un mero trabajar. En el cambio de aliento *(Atemwende)* de la acción se abre una interrupción. El sujeto de la acción se da cuenta en la pausa de la acción, en el momento de la duda del espacio inconmensurable, que se enfrenta a una decisión de actuar. Toda la contingencia de una acción apremia al sujeto de la acción en el momento del dubitativo retroceder frente a la acción. La resolución a actuar no conoce la duda y es ciega. No ve ni sus propias sombras ni el otro de sí misma. Dudar no es precisamente un acto positivo. Pero es constitutivo de la acción. La diferencia entre actuar y trabajar ya no pasa por la actividad, sino por la capacidad de interrumpir. Quien no es capaz de dudar es un trabajador.

Hacia el final de *La condición humana*, Arendt invoca, inesperadamente, el pensamiento. Según ella, pensar, probablemente, es el menos perjudicado por el desarrollo contemporáneo, que es responsable de la «victoria del *animal laborans*». El futuro del mundo no dependerá del pensamiento, sino del «poder del hombre para hacer y actuar». Pero el pensamiento, sin embargo, no es irrelevante para el futuro humano,

---

164   *Ibíd.*, p. 302.

puesto que, de las actividades de la *vita activa*, es la «más activa», en la que «la experiencia de estar activo se hace más patente», supera «a todas las actividades, a la actividad pura». Pero Arendt no aclara por qué la experiencia de estar activo se manifiesta con mayor claridad en el pensar. ¿En qué sentido pensar supone más actividad que la acción más activa? ¿El pensamiento no es la más activa de las actividades precisamente porque atraviesa altibajos, porque se atreve a ir hasta lo más lejano, porque aúna en sí, en tanto que con-*templación*, los espacios y los lapsos temporales más remotos, es decir, *porque es contemplativo*?

El pensamiento en tanto que *theoria* no es una actividad *contemplativa*. Es una forma de aparición de la *vita contemplativa*. Paradójicamente, Arendt la eleva a una actividad, que supera a cualquier otra actividad de la *vita activa* en cuestión de estar activo. Para Aristóteles, la actividad de pensar es, por ello, una actividad divina, porque se libera de toda acción, es decir, porque es contemplativa:

> Consideramos que los dioses son en grado sumo bienaventurados y felices, pero ¿qué género de acciones hemos de atribuirles?¿Acaso las acciones justas? [...] ¿O deben ser contemplados afrontando peligros, arriesgando su vida para algo noble? [...] Pues bien, si a un ser vivo se le quita la acción y, aún más, la producción, ¿qué le queda, sino la contemplación? De suerte que la actividad divina que sobrepasa a todas las actividades en beatitud, será contemplativa, y, en consecuencia, la actividad humana que está

más íntimamente unida a esta actividad, será la más feliz.[165]

Arendt concluye su libro con una cita de Catón, que remite a *De re publica*, de Cicerón: «Nunca está nadie más activo que cuando no hace nada, nunca está menos solo que cuando está consigo mismo».[166] La frase se puede aplicar a la *vita contemplativa*. Arendt hace de ella un elogio de la *vita activa*. Está claro que se le escapa que toda «soledad» también es válida para la *vita contemplativa*, que se opone diametralmente a actuar en general, al «poder del hombre para hacer y actuar». En la frase citada, Cicerón invita al lector a recluirse en sí mismo, más allá del «foro» y de las «grandes multitudes». De este modo, justo después de citar a Catón, alaba explícitamente la *vita contemplativa*. No la vida activa, sino la vida contemplativa, que se entrega a la eternidad y a los dioses, y que hace que los hombres sean lo que deben ser:

> ¿Hay algún cargo militar, alguna magistratura, algún reino que sea superior al hombre que, despreciando todas las cosas humanas por considerarlas inferiores a la sabiduría, no hace objeto de sus reflexiones nunca más que lo que tenga carácter divino y eterno? Un hombre que está convencido de que, si bien todos reciben la denominación de hombres, en realidad solo

165   Aristóteles, *Ética nicomaquea, op. cit.*, p. 194.
166   Citado en H. Arendt, *op. cit.*, p. 337. Marcus Tullius Cicero, *La República*, 1.17.

alcanzan tal categoría los que se han cultivado con las disciplinas propiamente humanas.[167]

Hacia las últimas páginas de *La condición humana*, Arendt aboga, sin querer, por la *vita contemplativa*. Hasta el final le pasa desapercibido que precisamente la pérdida de la capacidad contemplativa es la responsable de que el hombre se haya rebajado a *animal laborans*.

4. *Vita contemplativa* o de la vida reflexiva

> *Todos vosotros que amáis el trabajo salvaje y lo rápido, nuevo, extraño —os soportáis mal a vosotros mismos, vuestra diligencia es huida y voluntad de olvidarse a sí mismo. Si creyeseis más en la vida, os lanzaríais menos al instante. ¡Pero no tenéis en vosotros bastante contenido para la espera —y ni siquiera para la pereza!*

FRIEDRICH NIETZSCHE

El pensamiento siempre ha sido, tal y como apunta Arendt en *La condición humana*, un privilegio de unos pocos. Pero precisamente por ello, el número de estos pocos no se ha reducido aún más en la actualidad.[168] Esta suposición no acaba de ser acertada.

---

167 Cicerón, *La República*, Madrid, Akal, 1989, pp. 55 y 56.
168 H. Arendt, *La condición humana*, *op. cit.*, p. 337.

Quizá sea un rasgo distintivo del presente que los pensadores, ya de por sí escasos, sean todavía menos hoy en día. Quizá haya perjudicado mucho al pensamiento que la *vita contemplativa* haya quedado marginada cada vez más en beneficio de la *vita activa*, que la inquietud hiperactiva, la agitación y el desasosiego actuales no casen bien con el pensamiento, que este, como consecuencia de una presión temporal cada vez mayor, no haga más que reproducir lo mismo. Nietzsche ya denunció que su época era pobre en grandes pensadores. Achacaba esta pobreza a «una relegación y una ocasional subestimación de la *vita contemplativa*», «el trabajo y el celo —antaño parte del séquito de la gran diosa Salud— parecen a veces causar estragos como una enfermedad».[169] Puesto que falta tiempo para pensar y tranquilidad en el pensar, se rehuyen las posiciones divergentes. Se empiezan a odiar. La inquietud generalizada no permite que el pensamiento profundice, que se aleje, que llegue a algo verdaderamente otro. El pensamiento ya no dicta el tiempo, sino que el tiempo dicta el pensamiento. De ahí que sea temporal y efímero. Ya no se comunica con lo duradero. Nietzsche cree, sin embargo, que esta queja enmudecerá cuando «regrese pujante el genio de la meditación».[170]

El pensar en sentido profundo no se deja acelerar a la ligera. En eso se diferencia del calcular *(Rechnen)*

169   F. Nietzsche, *Humano, demasiado humano, op. cit.*, pp. 178 y 179.
170   *Ibíd.*, p. 179.

o de la mera comprensión. A menudo resulta enreve-
sado. De ahí que Kant denominara a la sensibilidad
y la sagacidad «una especie de lujo de la cabeza».[171]
La comprensión solo conoce el deber y la necesidad,
pero no el lujo, que presenta un alejamiento de la necesidad y la unidireccionalidad. El pensamiento que
se eleva por el encima del cálculo posee una temporalidad y una espacialidad particular. No transcurre
de manera lineal. El pensamiento es precisamente
libre porque su tiempo y espacio no se pueden calcular. Suele transcurrir discontinuamente. El cálculo, en cambio, sigue un recorrido lineal. Por eso se
puede localizar con exactitud y se deja acelerar a
voluntad. No vuelve la vista atrás. No tiene ningún
sentido dar un rodeo o retroceder un paso, puesto
que solo postergan el cálculo, que es una mera fase
del trabajo. Hoy pensar se iguala al trabajo. El *animal
laborans*, sin embargo, es incapaz de pensar. Pensar,
pensar que tienen sentido, requiere algo que no es un
trabajo. Originalmente, pensar (*sinnanm* en antiguo
alto alemán) significaba viajar *(reisen)*. Su itinerario
es incalculable o discontinuo. El pensamiento calculador nunca está *en camino*.

Sin tranquilidad no puede haber un acceso a lo
reposado *(das Ruhende)*. La absolutización de la *vita
activa* expulsa de la vida todo aquello que no sea un
acto, una actividad. La presión temporal generalizada aniquila el desvío y lo indirecto. De este modo, el
mundo queda pobre en formas. Cada forma, cada fi-

---

171   I. Kant, *Antropología en sentido pragmático, op. cit.*, p. 118.

gura, es un *rodeo*. Solo la amorfia desnuda es directa. Cuando uno toma lo indirecto de la lengua, esta se acerca al grito o a la orden. También la amabilidad y la cortesía remiten al rodeo y lo indirecto. La violencia, en cambio, remite a lo directo. Si andar carece de vacilaciones e interrupciones, queda entumecido en una marcha. Bajo la presión del tiempo también desaparecen la ambivalencia, lo indistinguible, lo discreto, lo irresoluble, lo indeterminado, lo complejo o lo aporético de una nitidez brusca. Nietzsche destaca que desaparecen el oído y la vista para la melodía de los movimientos. La propia melodía es un rodeo. Solo lo monótono es directo. El pensamiento también se distingue por una melodía. El pensamiento que carece de todo rodeo se reduce a un calcular.

La *vita activa*, que desde la modernidad gana en intensidad en detrimento de la vida contemplativa, tiene una participación esencial en la compulsión a la aceleración moderna. También la degradación del hombre a *animal laborans* es una consecuencia de este nuevo desarrollo. Tanto la intensidad del trabajo como la de la acción remiten a la primacía de la *vita activa* en la modernidad. Pero Arendt distingue injustamente el trabajo de la acción, al interpretar que tiene una participación pasiva en el proceso vital de la especie. El concepto de acción de Arendt no contiene ninguna fuerza que pueda conjurar el hechizo del trabajo, el cual reduce a la persona a *animal laborans*, puesto que el concepto de acción se origina en la primacía de la *vita activa*, a la cual *también* remite la absolutización del trabajo. La resolución a actuar y al trabajo tienen, como ya se destacado, la misma raíz genealógica. Solo la revitalización de la *vita contemplativa* hará posible la liberación de la compulsión a trabajar. El *animal laborans* mantiene un vínculo lejano con el *animal rationale*. El entendimiento puro, de hecho, es un trabajo. El hombre, sin embargo, es algo más que un *animal*, porque posee la capacidad contemplativa, que le permite comunicarse con la duradera, que no es ningún estilo.

Es interesante que Heidegger no le preste demasiada atención a la *vita contemplativa*. Para él, solo significa una vida apacible y monacal, contraria a la *vita activa* entendida como vida de ocupaciones mundanas. Heidegger reduce la contemplación a su elemento racional, a la visión clasificadora, es decir, analítica.[172] La relaciona con la observación.[173] La entiende a partir del *tractare* latino, *tratar*, o *elaborar*. Obrar en algo significa, según Heidegger, «trabajar en vistas a algo, perseguirlo, ir tras ello para ponerlo a seguro»[174]. La contemplación es, por tanto, «la elaboración de lo real, una elaboración que persigue y pone a seguro», una «elaboración de lo real que interviene en él de un modo inquietante».[175] Es, por lo tanto, un trabajo. A pesar de su proximi-

---

172 M. Heidegger, *Conferencias y artículos, op. cit.*, p. 39.
173 Heidegger da este paso argumentativo haciéndose valer, como hace a menudo, de una referencia lingüístico-etimológica: la traducción alemana de *contemplatio* es *betrachtung* [«observación», «contemplación»].
174 M. Heidegger, *Conferencias y artículos, op. cit.*, p. 40.
175 *Ibíd.*

dad con la mística, Heidegger no se adentra en la dimensión mística de la contemplación, que, como *atención amorosa demorada en Dios*, no presenta la intencionalidad de la división y el poner a seguro. En la *unio mystica,* las divisiones y los cercos quedan totalmente superados.

Según Tomás de Aquino, la *vita contemplativa* presenta un modo de vida que hace perfectos a los hombres: «In vita contemplativa quaeritur contemplatio veritatis inquantum est perfectio hominis.»[176] Cuando se pierde todo momento contemplativo, la vida queda reducida al trabajo, a un mero oficio. El detenimiento contemplativo interrumpe cualquier tiempo que sea *trabajo*: «werc und gewerbe in der zit und bloz sin des selben».[177] La *vita contemplativa* eleva al propio tiempo. Frente a las observaciones de Arendt, en la tradición cristiana no hay lugar para una revalorización unilateral de la *vita contemplativa.* Como en Meister Eckhart, se busca una mediación entre la *vita activa* y la *vita contemplativa.* En este sentido, Gregor también escribe:

Uno debe saber que cuando aspira a un buen programa de vida, a pasar de una vida activa a una vida apacible, a menudo es útil, cuando el alma regresa de una vida apacible a la actividad, que esta, con la llama encendida de la contemplación en el corazón, re-

176   Tomás de Aquino, *Summa theologica*, II, 2, 180, 4:
177   M. Eckhart, *Die deutschen und lateinischen Werke*, vol. 3, Stuttgart, 1976, p. 485.

gale toda su perfección a la actividad. De este modo, la vida activa nos debe conducir a la contemplación, pero la contemplación debe partir de aquello que hemos contemplado en nuestro interior y que nos hace volver a la actividad.[178]

La *vita contemplativa* sin acción está ciega. La *vita activa* sin contemplación está vacía.

La propia filosofía tardía de Heidegger está guiada por un tono contemplativo. *Camino de campo* es, a su vez, una vía contemplativa. No conduce a ninguna parte, sino que se demora en la contemplación. No es una casualidad que Heidegger cite a Meister Eckhart: «La vastedad de todo lo que ha crecido y habita los alrededores del camino dispensa mundo. Solo en lo no dicho de su lenguaje Dios es Dios, según dice Meister Eckhart, el viejo maestro de lecturas y de la vida».[179] Al hablar de «viejo maestro de lecturas y de la vida» está señalando la necesidad de una mediación entre la *vita activa* y la *vita contemplativa*. Heidegger hace de la meditación *(Besinnung)*, o el pensar meditativo *(besinnliche Denken)*, una forma contraria frente al pensar calculador como trabajo. En «Ciencia y meditación» escribe: «La pobreza de la meditación, sin embargo, es la promesa de una riqueza cuyos tesoros lucen en el esplendor de lo inútil que

178   En A.M. Haas, «Die Beurteilung der Vita contemplativa und activa in der Dominikanermystik des 14. Jahrhunderts», en B. Vickers (ed.), *Arbeit Musse Meditation*, Zúrich, 1985, p. 113.

179   M. Heidegger, *Camino de campo, op. cit.*, p. 30.

nunca se deja calcular».[180] La meditación comienza cuando el pensar en el trabajo se detiene. Solo en el momento de la detención se atraviesa un lugar en el que la formación[181] *(Bildung)* está situada enfrente.[182] Solo la reflexión tiene acceso a aquello que no es una imagen, una imaginación, pero que tiene *lugar*. En su «serenidad para con lo digno de ser cuestionado» se mezcla con lo perdurable y sosegado, que se sustrae al rápido acceso. Ensancha la mirada, superando lo que está ahí delante y lo que está a la mano *(Vor-und Zu-handende)*, a lo que sirve al trabajo. Cuando la mano se detiene en el acceso, cuando duda, entra en ella la amplitud. Heidegger habla de «una mano calma, en la cual se recoge un contacto que está infinitamente alejado de cualquier palpar».[183] Solo en la vacilación, la mano se abre a un espacio inmenso. La mano vacilante «reposa en la amplitud de una invocación que le viene desde el silencio».[184] Solo en un «paso atrás»

180   M. Heidegger, *Conferencias y artículos, op. cit.*, p. 50.

181   *Ibíd.*, p. 49: «Por la meditación, entendida de esta manera, llegamos propiamente allí donde sin experienciarlo y sin verlo del todo, residimos ya desde hace tiempo. En la meditación nos dirigimos a un lugar desde el que, por primera vez, se abre el espacio que mide todo nuestro hacer y dejar de hacer».

182   «La palabra *bilden* («formar») significa por una parte: establecer una pre-figura y producir una pre-scripción. Luego significa dar forma y desarrollar unas disposiciones pre-existentes. [...] La meditación, en cambio, es lo que nos pone en camino al lugar de nuestra residencia».

183   M. Heidegger, *De camino al habla*, Barcelona, Serbal, p. 95.

184   Cf. Íd., *Aclaraciones a la poesía de Hölderlin*, «Memoria», p. 145: «La vacilación es aquí equivalente a la decisión, tomada hace tiempo, del que tiene el ánimo de ir lentamente».

de la interrupción se puede percibir el «silencio», que no se abre al progreso lineal del proceso de trabajo. Solo el «paso atrás» da a lugar a ir hacia sí. Heidegger vuelve una y otra vez a esta *epoché* contemplativa: «*Weilen* (demorar) significa: perdurar, estarse quedo, contenerse y retenerse, a saber: en la queda quietud. Goethe dice, en un bello verso: "El violín se hiela, demora el danzarín"».[185] En el momento en que el bailarín se detiene cobra conciencia de todo el espacio. Este momento vacilante es la condición para que pueda dar comienzo una danza completamente distinta.

Cualquier «mano calma» es *embellecedora* si se abstiene de la violencia del asimiento. La palabra embellecer remite a la antigua expresión del alto alemán medio *schône*, que también significa «amable» *(freundlich)*. Asimismo el detenimiento contemplativo es una praxis de la amabilidad. Deja que suceda, que acontezca, se muestra conforme en vez de intervenir. La vida ocupada, a la que le falta cualquier dimensión contemplativa, no es capaz de la amabilidad de lo bello. Se muestra como una producción y destrucción aceleradas. *Consume* el tiempo. Tampoco en el tiempo libre, que se mantiene sometido a la compulsión de trabajar tiene otro comportamiento en relación al tiempo. Las cosas se destruyen y se mata el tiempo. La demora contemplativa *concede* tiempo. Da *amplitud* al Ser, que es algo más que estar activo. La vida gana tiempo y espacio, duración y amplitud, cuando recupera la capacidad contemplativa.

185   Íd., *La proposición del fundamento, op. cit.*, p. 206.

Si se expulsa de la vida cualquier elemento apacible, esta acaba en una hiperactividad letal. La persona se ahoga en su quehacer *particular*. Es necesaria una revitalización de la *vita contemplativa*, puesto que abre el espacio de respiración *(Atemräume)*. Quizá el *espíritu* deba su origen a un excedente de tiempo, un *otium*, una respiración pausada. Se podría reinterpretar *pneumas*, que significa tanto «respiración» como «espíritu». Quien se queda sin aliento no tiene espíritu. La democratización del trabajo debe ir seguida de una democratización del *otium*, para que aquella no se convierta en la esclavitud de todos. Así dice Nietzsche:

> Por falta de sosiego, nuestra civilización desemboca en una nueva barbarie. En ninguna época se han cotizado más los activos, es decir, los desasosegados. Cuéntase por tanto entre las correcciones necesarias que deben hacerle al carácter de la humanidad el fortalecimiento en amplia medida del elemento contemplativo.[186]

186   F. Nietzsche, *Humano, demasiado humano, op. cit.*, p. 180.